SDIC
中投咨询文库

最新招标投标
疑难案例与法律实务

中投咨询有限公司 & 北京市君都律师事务所　编著

中国建筑工业出版社

图书在版编目（CIP）数据

最新招标投标疑难案例与法律实务 / 中投咨询有限公司，北京市君都律师事务所编著 . —北京：中国建筑工业出版社，2020.10

ISBN 978-7-112-25413-2

Ⅰ.①最… Ⅱ.①中… ②北… Ⅲ.①招标投标法 — 案例 — 中国 Ⅳ.① D922.297.5

中国版本图书馆 CIP 数据核字（2020）第 167504 号

本书从招标投标行业实际案例出发，对招标、投标、开标、评标、定标各环节争议焦点和问题进行梳理，分析问题背后的法律逻辑，对法律能释义的部分提出实务操作意见，对法律可能需完善的部分提出修法建议，以期从法律层面推动招标投标行业进一步深入参与到供应链的各个环节，最大程度挖掘并发挥市场价值，促进行业向纵深发展。

责任编辑：李　明
助理编辑：葛又畅
责任校对：芦欣甜

最新招标投标疑难案例与法律实务

中 投 咨 询 有 限 公 司
北京市君都律师事务所　编　著

＊

中国建筑工业出版社出版、发行（北京海淀三里河路9号）
各地新华书店、建筑书店经销
北京点击世代文化传媒有限公司制版
天津翔远印刷有限公司印刷

＊

开本：787毫米×960毫米　1/16　印张：11¾　字数：193千字
2020年10月第一版　2020年10月第一次印刷
定价：58.00元
ISBN 978-7-112-25413-2
（36377）

本书编委会

序

　　自 2000 年《中华人民共和国招标投标法》实施以来，中国的招标投标相关法律制度从最初单纯效仿世行、亚行的采购程序及业务规则等，到如今形成了以法律、行政法规、地方性法规、国务院部门规章、地方政府规章、规范性文件等在内的系统性、规范化、标准化的招标投标制度体系，在规范招标投标活动、保护社会公共利益、提高采购质量效益等方面发挥了重要作用。中国招标投标制度的应用领域不断拓展，监管体制不断完善，然而《中华人民共和国招标投标法》颁布实施至今已有 20 年，随着法律应用的深入，包括绿色建筑、电子招标投标等新标准、新形式的出现，现有法律条文中存在的弊端逐渐显露；另一方面，随着国家改善营商环境，对如何改进标法相关理念和规定的探讨也在不断深化。

　　本书首先以问题为导向。从招标投标领域的实践出发，本书以案例分析的形式，结合中国相关招标投标法律制度，直面招标投标制度发展进程中的一系列矛盾和问题，设定了近 60 个典型案例，并针对不同案例的焦点问题，提出了一系列的问题解决理念和方法，以案释法，结合招标投标实践中的典型案例，围绕案例的焦点问题、程序和法律适用等进行释法说理，使得"纸面上"的招标投标法律制度变成了鲜活可见的案例，增强了招标投标法律制度的可理解性和实用性，可供招标人、投标人、招标代理机构和其他对招标投标法律制度有了解和学习需求的人群参考和借鉴。

　　本书同样坚持与时俱进。为深化招标投标领域"放管服"改革、优化营商环境、解决招标投标市场存在的突出问题、促进经济高质量发展，国家发展和改革委员会牵头会同有关部门于 2019 年启动了《中华人民共和国招标投标法》的修订工作，并向社会公开征求意见。本书内容紧紧与法律修订新动向、新观点、新理念结合，对各案例焦点问题在法律修订及实践创新的背景下，进行了针对性的深入分析，便于读者对招标投标最新法律动态的正确学习和把控。

　　微观应用问题最终反映为对招标投标法律体系的系统性认识和理解，伴随中国经济体制改革、营商环境改善的进程，我们有理由相信，招标投标制度定会成为高水平社会主义市场经济体制的重要制度，在市场资源配置中发挥积极作用，最终全面促进招标投标经济活动的蓬勃发展。

清华大学土木水利学院教授、博士生导师

朱宏亮

前　言

　　招标投标活动作为工程建设采购环节，对工程建设成本控制、进度控制、质量控制乃至安全控制均起到重要作用，且整个环节参与方涉及广泛，从政府监管方到招标方，从中介代理机构到投标方，可以说，招标投标活动是政府与市场的柔性连接，是用户与客户的泛在连接，既保证了政府对市场的监管作用，又充分发挥了市场在资源配置中的决定性作用。总的来说，招标投标活动利用充分竞争加大了供应链上下游的协同关系，有助于挖掘市场潜能。

　　我国以《中华人民共和国招标投标法》为基本法构建的法律体系推动了配套制度及监督机制的建立，一定程度上规范了招标投标行为，推进了行业的发展。但是在实务操作中我们仍然能够看到行业发展遇到的很多问题，例如政府机构与招标人行政监督地位及项目主导地位的矛盾，限制了招标人的责、权、利；招标人与招标代理机构商业地位及专业地位的矛盾，限制了招标代理机构的专、精、深；投标人之间的竞争地位及合作地位的矛盾，大量围标、串标及无效投诉事宜限制工程建设健康、稳步进行。因此，招标投标法律体系在规范行业运行、指导行业发展方面，还有很长的路要走。

　　本书梳理了工作过程中招标投标实际案例，通过分析争议焦点，试图明确部分法条在实践过程中的适用性，试图探索法律体系运行下各参与方的边界，试图从推进行业发展的角度提出立法建议，以加深加强招标投标活动在工程建设过程中的作用，为招标投标行业的发展贡献一份绵薄之力。

目　录

最 新 招 标 投 标 疑 难 案 例 与 法 律 实 务

1

招标投标常见问题概述
及法律分析

中投咨询有限公司 & 北京市君都律师事务所　编著

1.1　招标投标起源及定义

早期的商品经济交易中，买主为了以更低的供货价格得到理想的交易物品，往往会有意识地与多个卖主接触，在价格、物品性能等方面进行比选。随着机器大规模生产的应用及社会专业化分工协作的发展，变革的生产方式为买方经济创造了供给条件，社会交易体量增加，较大规模投资项目及大宗物品购买的情况逐渐增多，招标投标活动逐渐成熟并发展成为一种规范的交易活动。

招标投标活动最先起源于英国等西方国家，以英国政府明令全国实施招标投标方可进行工程承发包为起点，招标投标活动在工程承包、咨询服务、货物采购等市场交易中逐渐得到广泛应用，成为工程建设咨询行业中的重要环节。

随着全球化及国际合作的加强，世界银行、亚洲开发银行等国际金融机构陆续成立，并向战后重建国家、发展中国家等提供中长期贷款与投资，对世界和地区经济发展发挥了巨大作用。为确保贷款资金使用的经济性和效率性，在吸取各国招标投标经验的基础上，采购过程中，他们向所有来自发达国家和发展中国家的合格投标人提供同样的信息和平等的机会，使之围绕其资助的货物、工程和服务而进行竞争。在此背景下，国际招标投标活动得以在统一、规范的方式下开展。其具体操作方式和定义从英文名称"Tendering and Bidding"中可以看出，它同时包含了采购活动的要约提出方和响应方，即招标人事先提出的在规定的时间、地点准备买进的品种、数量等有关的交易条件，投标人据此参与竞争。

我国在由计划经济步入市场经济的历史背景下，在不断开放国际合作的路径中，逐步引入招标投标制度。鉴于我国的国情，招标投标活动在强化竞争性、提升经济与效率的同时，还有助于防止腐败行为，保护国家、社会的公共利益和招标投标当事人的合法权益。因此，本书对招标投标活动的定义，在国际招标投标定义的基础上融合了我国国情，即认为我国招标投标活动是招标人事先提出采购需求，投标人响应并参与竞争的行为，双方行为受我国法律、法规的约束，在保证双方利益合理化的同时，通过降低寻租空间、强化主管部门监督等手段，实现社会资源合理、有效、安全的配置。

1.2　我国招标投标实践情况

我国自《中华人民共和国招标投标法》（以下简称《招标投标法》）颁布起 20 年来，根据工程建设不同行业特点及科技发展进步水平，在行业分类配套、电子招标投标等方面已出台系列管理办法，法律体系架构搭建相对完善，但是本书编者在招标投标领域长期执业的实践过程中，发现仍有一些问题存在实操层面的困难，现通过梳理分析，以期与行业同仁更好地交流、分享。

1. 招标投标活动实践中遇到的问题概述

招标投标是一项极度依赖程序的工作，因为只有在标准的程序和规范的操作下，才能在面对不同的控标投标方式时，保障公平、公正、公开的原则得以实现。然而在实际执业过程中，由于项目本身具有特殊性、行业整体及投标人个体情况千差万别，统一的标准和程序难以适用于每种情况，且整个活动中涉及的细节与要素繁多，因此在法律体系搭建的顶层框架下，如何最大限度满足职业规范，对从业人员挑战颇大。

整个招标投标活动中，涉及招标、投标、开标、评标、中标、电子招标投标等多个环节，均会碰到很多细节问题，例如，招标文件发布后遇重大事项变更的操作程序、投标人之间利益相关性的穿透核查、开标过程中如何处理与开标活动本身无关的异议、评标过程中如何判断投标文件内容的真实性、公示期异议处理的范围及尺度、电子招标投标线上操作失败责任的划分及项目的推进等，如何处理和把控节奏，以推动招标投标活动顺利、有效、规范进行，这些问题对每位从业人员是极大的挑战。

考虑到个人应对问题的多样性及不确定性，本书试图将问题进行分类整理，以案例形式呈现，并从法律角度分析、探讨解决的路径，以达到琐碎问题归统化、分析问题法律化、解决问题路径化，为行业实操层面提供较为科学、合理、合法的建议。

2. 问题归类及法律指导方向

本书逻辑遵从实践明线和法律暗线，一方面，从不同阶段对招标投标活动中常见的争议进行分类，便于读者与实操过程进行对照；另一方面，从问题本质及其法律逻辑进行分析，通过对整个招标投标法律体系抽丝剥茧，梳理出行业本质，有利于帮助从业人员系统深入地理解问题，并在从业过程中具备举一反三的能力。

例如，招标文件发布后遇重大事项变更的操作程序，实际涉及的是要约事项发生变更时法律对要约方的约束条件；投标人之间利益相关性的穿透核查，实际涉及的是不同法律对公民利益的保护是建立在抽象范畴还是特殊个体；开标过程中如何处理与开标活动本身无关的异议，实际涉及的是法律程序及规范与现实场景的适应匹配性；评标过程中如何判断投标文件内容的真实性，实际涉及的是法律约束体系下个体承诺的有效性；公示期异议处理的范围及尺度，实际涉及的是法律在指导实际活动中对其范围、边界及影响程度的探讨；电子招标投标线上操作失败责任的划分，实际涉及的是法律与科技深度融合下法理学重构的关系等。

本书试图在已设定情景的案例中，通过系统、细致的法律分析，将法律与社会活动的关系进一步阐述明确，以加强法律在系统层面对行业的指导意义，从而提高从业人员分析与解决问题的能力。

2

案例分析与法律实务

中 投 咨 询 有 限 公 司 & 北 京 市 君 都 律 师 事 务 所 编著

2.1 案例1 对代理商业绩和制造商唯一授权之认定

2.1.1 案情描述

某国内建设工程电气设备招标项目，招标文件关于投标人资格条件要求如下：（1）投标人须具有同类设备的供货业绩；（2）投标人应为设备制造商或代理商；（3）投标人为代理商的，应取得制造商的授权；一个制造商对同一品牌同一型号的货物，仅能委托一个代理商参加投标。招标文件评标办法中将投标产品供货业绩数量作为重要技术打分项。

本项目共 A、B、C、D 四家单位参与投标，评标过程中，评标委员会审阅投标文件时发现：A 公司为制造商，提供 10 项供货业绩；B 公司为 E 公司的代理商，未提供本公司的代理供货业绩，仅提供了 E 公司的 12 项供货业绩；C 公司与 D 公司同为 F 公司的代理商，均提供了 F 公司的不同品牌货物的唯一授权书，C 公司提供针对供货的 8 项代理销售业绩，D 公司提供该类供货产品代理销售业绩及制造商 F 公司销售的共 18 项业绩。

评标委员会认为，因 B 公司提供的投标业绩不符合招标文件要求，故予以否决，最终通过初步评审的三家公司中 D 公司由于业绩较多、供货技术条件好，综合得分第一。

中标候选人公示期间，A 公司和 C 公司分别向招标人提出异议，A 公司表示，C 公司与 D 公司为同一制造公司代理商，不符合招标文件对于唯一授权的要求，对 D 公司排名第一提出质疑；C 公司提出 D 公司是刚成立的代理公司，无代理业绩，对 D 公司中标提出质疑。

2.1.2 焦点问题

（1）代理商提供制造商的业绩是否予以认可？

（2）同一制造商是否可以授权不同品牌的供应商参加同一个项目的投标？

2.1.3　法律分析

（1）代理商提供的制造商供货业绩是否应被认可应按招标文件约定执行。

代理商提供制造商的供货业绩是否应被认可，目前法律上并没有明确条文约束，建议以招标文件约定为主。本案将进一步讨论招标文件对供货业绩的认定应如何约定较为恰当。

首先，招标文件中将供货业绩的数量作为技术打分项的目的，应从如下两方面进行分析：第一，如果招标人是为了确认投标产品是否技术成熟、是否经过市场检验，代理商本身的销售业绩与确保投标产品之品质并无直接关系，制造商的供货业绩即可证明该投标产品的性能及市场接受度。因此，建议招标文件编制时对代理商提供的制造商业绩应予以认可。❶ 第二，如果设置供货业绩打分项是为了考核代理商的供货实力，可以考虑将代理商的供货业绩数量加入至招标条件要求中，因为代理供货业绩可侧面反映其供货实力、服务水准等隐含信息。因此，在打分条件设定时，建议招标人充分考虑采购需求，选拔出真正适合招标项目需求的供应商。

本案中，招标文件在业绩打分时仅以"投标产品供货业绩数量"作为打分条件，并未明确供货业绩的主体，因此 D 公司 18 项业绩均应予以认定。

（2）同一制造商是否可以授权旗下不同品牌的供应商参加同一个项目的投标，应分情况讨论。

1）对于中国境内工程建设项目货物招标或政府采购工程，因相关法律法规没有明确规定，同一制造商可以授权旗下不同品牌的供应商参加同一个项目的投标。

根据《工程建设项目货物招标投标办法》（2013 年修订）第三十二条第三款

---

❶　参考《中华人民共和国财政部政府采购信息公告》（第三百六十六号，招标编号：HBJX-ZB-2016-37）："招标文件对供应商的资格要求为'近三年（2013 年以来）有同类设备供货业绩，且投标产品应为成熟产品而非试制品或定制品，在国内有多家科研单位使用同型号产品，同型号产品近三年在中国市场上业绩不低于 10 台/套'。此业绩规定是为了保证投标产品是成熟产品，但只需要对投标产品制造商规定此业绩即可，要求代理商也达到此业绩与保证投标产品是成熟产品无直接关系，且限制了代理商的投标资格，因此，要求所有投标人需达到此业绩的行为构成以不合理条件限制或者排斥潜在供应商，属于《中华人民共和国政府采购法实施条例》第二十条第一款第（二）项规定的'设定的资格、技术、商务条件与采购项目的具体特点和实际需要不相适应或者合同履行无关'的情形，违反了《中华人民共和国政府采购法》第二十二条第二款'不得以不合理的条件对供应商实行差别待遇或者歧视待遇'的规定，举报事项成立。"

规定，"一个制造商对同一品牌同一型号的货物，仅能委托一个代理商参加投标"；同时，《财政部办公厅关于多家代理商代理一家制造商的产品参加投标如何计算供应商家数的复函》（财办库〔2003〕38号）的表述则更为细化，"《政府采购法》实施后，为了避免同一品牌同一型号产品出现多个投标人的现象，应当在招标文件中明确规定，同一品牌同一型号产品只能由一家供应商参加。如果有多家代理商参加同一品牌同一型号产品投标的，应当作为一个供应商计算。公开招标以外采购方式以及政府采购服务和工程，也按此方法计算供应商家数"。前述条款仅针对同一品牌同一型号的代理商授权进行投标限定，因此，对于同一品牌不同型号，或同一制造商旗下不同品牌的代理商参加同一个项目投标的情形，因上述法律法规并未作出明确规定，应认定其投标有效。

2）对于中国境内进行机电产品国际招标投标活动，根据《机电产品国际招标投标实施办法（试行）》规定，同一制造商不得授权旗下不同品牌的供应商参加同一个项目的投标。

《机电产品国际招标投标实施办法》第四十六条规定，"认定投标人数量时，两家以上投标人的投标产品为同一家制造商或集成商生产的，按一家投标人认定。对两家以上集成商或代理商使用相同制造商产品作为其项目包的一部分，且相同产品的价格总和均超过该项目包各自投标总价60%的，按一家投标人认定"。

3）所有投标产品均为同一品牌或同一制造商，可能存在构成串通投标的风险，招标人应根据招标项目特征，拟定合法合规、合理有效的招标条件，确保招标投标活动正常、有序、圆满完成。

若招标投标活动中，所有技术指标及其他要求均指向投标产品的品牌，即仅该品牌才能完全达到招标要求，则极有可能造成同一品牌或同一制造商的不同代理商构成串标的情形，将极大地损害招标人的利益、破坏招标投标市场的秩序。在此情形下，如对所有投标人进行严格筛选，排除不符合招标条件要求或存在围标、串标情形的不合格投标人，则很可能因为合格投标人不满足法定最少三家的条件，而导致招标活动终止。招标人应分析招标文件条款是否设置合理，如不合理，应修改招标文件后重新招标，否则可能会因为投标人不足三家或招标要求属于为投标人量身定做而导致废标。如经分析，确实仅有该制造商的品牌能够满足采购方使用要求，建议在履行相应程序后选择其他采购方式。

综合上述分析，本案属于第一种情形，C、D 两家公司虽为同一制造商的代理公司，但其取得的唯一授权是针对不同品牌的授权，也未有证据表明其有串通投标的情形，因此只要其代理产品满足本案招标文件和项目要求，其可以参加本案项目的投标。

提醒招标人注意的是，从提高合谋成本、降低串标概率的角度，建议尽量在招标文件设定时避免出现只能从同一品牌代理商或制造商中选择的局面，或改变采购方式以保证投标条件设置的合规性。

2.1.4　实务提示

（1）招标文件编制过程中招标人或招标代理机构应对资格要求设置中的业绩条件进行分析，根据项目特点合理设置，避免不完整不全面描述而导致各投标人之间对招标条件的理解产生歧义。如在本案中，建议在"投标人须具有同类设备的供货业绩"后增加限制条件，如"投标人若为代理商，应具有相应的代理销售业绩"。

（2）招标人宜根据项目实际情况制定适当的评审规则。制造商的业绩和代理商的业绩所反映投标人服务项目能力的侧重点不一致，制造商的业绩反映的是货物的市场占有情况、技术成熟度、可靠性以及制造商的制造能力和售后服务水平等；代理商的业绩反映的是代理商对该货物的专业销售能力、售后服务水平等。因此，对于技术简单、售后服务由代理商负责的货物采购项目，建议重点考察代理商销售业绩；对于技术复杂、采购数量多、需要制造商提供原厂服务的货物，建议重点考察制造商业绩。

（3）招标人应在招标前进行必要的市场调查，或结合专家意见等方式来确定项目采购需求，拟定合法合规、合理可行的招标条件，避免招标条件仅指向单一品牌、出现上述分析的不利情形，最终导致招标活动不能如期完成。

2.2 案例 2 关于招标文件售价合理性的案例

2.2.1 案情描述

某依法必须招标的建设工程主体结构施工项目，招标人 A 公司委托招标代理 B 公司承担本项目的招标代理工作。

B 公司在发售招标文件时，考虑到编制招标文件工作量大，于是决定在单价印刷、邮寄成本 3000 元之外，另行加收文件编制的智力服务费用，将招标文件单价定为 8000 元，并要求潜在投标人须缴纳 1000 元会员费后方可取得购买招标文件的资格。

招标文件发售期间，投标人向 A 公司提出质疑，认为招标文件收取费用过高，且 B 公司收取会员费的行为不合理。

2.2.2 焦点问题

（1）B 公司收取会员费的行为是否合法？

（2）招标文件的定价是否合法？

2.2.3 法律分析

（1）B 公司收取会员费的行为不合法。

首先，《招标投标法》和《中华人民共和国招标投标法实施条例》（以下简称《招标投标法实施条例》）中均没有投标人需先成为招标代理机构会员的相关规定，入会不是法律规定必经的招标投标程序，因此，公司收取会员费没有法律依据。同理，以其他形式，如报名费、登记费等事由向投标人收取费用，也属于没有法律依据的违法行为。

根据《国务院办公厅转发国家发展改革委关于深化公共资源交易平台整合共享指导意见的通知》（国办函〔2019〕41 号）第三条第（九）项规定，"精简管理事项和环节。系统梳理公共资源交易流程，取消没有法律法规依据的投标报名、招标文件审查、原件核对等事项以及能够采用告知承诺制和事中事后监管解决的前置审批或审核环节"，国家提倡并推广业务合并申请，简化管理流程，提高公共资源交易服务的效率，因此，B公司收取会员费的行为属于没有法律依据的前置环节收费，属于违法行为。

其次，B公司作为A公司的招标代理机构，虽从商业角度来看，从属营业性机构，有其一定的经营模式自主权。但从招标投标活动的角度来看，B公司为A公司采购活动中购买方的代理人，B公司应考虑充分扩大市场竞争来实现资源的最优配置，在所有投标人中，帮助A公司选择综合实力最优的投标单位。而B公司收取会员费的行为，一方面对投标人资格进行了无法律依据的限制，变相排斥了部分希望参与投标的潜在投标人，违反了《招标投标法实施条例》第三十二条第（七）项的规定，即"以其他不合理条件限制、排斥潜在投标人或者投标人"；另一方面，也违背了其作为招标代理人对招标人的服务宗旨，一定程度上损害了招标人的利益，因此，B公司收取会员费的行为既不合法也不合理。

（2）招标文件的定价不合法。

《招标投标法实施条例》第十六条明确规定，"招标人发售资格预审文件、招标文件收取的费用应当限于补偿印刷、邮寄的成本支出，不得以营利为目的"。B公司接受A公司委托，两者之间形成委托合同关系，根据合同相对性，B公司付出的其他智力成本应与A公司进行协商，由A公司进行支付，而不应以直接增加招标文件售价的方式要求潜在投标人承担此项费用。因此，B公司招标文件的定价无法律依据，属于不合法行为。

2.2.4　实务提示

（1）招标代理机构应严格执行招标代理活动相关法律的规定，积极响应国家关于招标代理活动的相关政策和要求，合法合规合理地进行招标代理工作，删减无法律法规和国家政策支持的程序和代理环节，简化招标代理程序，保障招标代理活动的时效性、有序性、有效性，以高质量的服务标准为招标人提供专业权威的代理服务。

（2）招标代理机构与招标人签订《委托代理合同》前，应全面了解代理工作的难度，准确核实代理工作的工作量，对于因招标人的特殊要求或拟招标项目自身独特性需在常规代理活动的基础上进一步投入更高的智力或技术服务等，导致招标代理成本增加的，招标代理机构应就相应服务内容和费用与招标人进行全面协商，签订相应收费条款，避免盲目签订《委托代理合同》后，代理成本无法与招标人协商一致而导致不必要的纠纷，甚至违法违规的后果。

2.3 案例3 关于澄清修改招标文件是否应推迟开标日期的认定

2.3.1 案情描述

某依法必须招标的工程主体结构施工项目，招标人 A 公司委托招标代理 B 公司承担本项目的招标代理工作。

投标人 C、D、E、F 公司购买了招标文件，距投标截止时间前 10 日，A 公司发现工程量清单中对本工程某一构筑物工程量计算有重复。

A 公司拟对招标文件发布澄清核减工程量清单项数，并同步调整招标控制价，B 公司提出按有关法律规定应将投标截止时间推后 5 日，A 公司考虑到工期紧、任务重，以本次澄清对工程量清单仅为减项，不会增加投标人制作投标文件工作量为由否决 B 公司建议。

评标结束后，中标候选人公示期间，C 公司向 B 公司提出异议，认为 B 公司发澄清的时间距开标时间不足 15 日，导致其来不及调整投标文件，不符合法律规定。

2.3.2 焦点问题

本项目不推迟投标截止日期是否合法？

2.3.3 法律分析

根据《招标投标法实施条例》第二十一条规定，"澄清或者修改的内容可能影响资格预审申请文件或者投标文件编制的，招标人应当在提交资格预审申请文件截止时间至少 3 日前，或者投标截止时间至少 15 日前，以书面形式通知所有获取资格预审文件或者招标文件的潜在投标人；不足 3 日或者 15 日的，招标人应当顺延提交资格预审申请文件或者投标文件的截止时间"，同时第六十四条规定，"招标人有下列情形之一的，由有关行政监督部门责令改正，可以处 10 万元以下的罚款：……（二）招标文件、资格预审文件的发售、澄清、修改的时限，或者确定的提交资格预审申请文件、投标文件的时限不符合招标投标法和本条例规定"，本案是否适用该条款焦点在于，工程量清单和招标控制价的修改是否可能影响投标文件的编制，即是否属于对招标文件的实质性修改。

《中华人民共和国招标投标法实施条例释义》（以下简称《招标投标法实施条例释义》）中对潜在投标人文件编制时间作出了如下说明，"实践中可能影响资格预审申请文件编制的澄清或者修改的情形包括调整资格审查的因素和标准，改变资格预审申请文件的格式，增加资格预审申请文件应当包括的资料、信息等。可能影响投标文件编制的澄清或者修改情形，包括但并不限于对拟采购工程、货物或服务所需的技术规格，质量要求，竣工、交货或提供服务的时间，投标担保的形式和金额要求，以及需执行的附带服务等内容的改变。这些改变将给潜在投标人带来大量额外工作，必须给予潜在投标人足够的时间，以便编制完成并按期提交资格预审申请文件或者投标文件。因此，招标人以书面形式通知潜在投标人的时间至文件提交截止时间不足 3 日或者 15 日的，招标人应当顺延提交资格预审申请文件或者投标文件的截止时间。对于减少资格预审申请文件需要包括的资料、信息或者数据，调整暂估价的金额，增加暂估价项目，开标地点由同一栋楼的一个会议室调换至另一会议室等不影响资格预审申请文件或者投标文件编制的澄清和修改，则不受 3 日或者 15 日的期限限制"。❶

本案中，B 公司发布的澄清内容是核减招标文件工程量清单项数，并同步调整招标控制价，潜在投标人一般在拿到澄清文件后会根据工程量清单的结构结合自身报价考虑是否调整投标报价文件，A 公司简单地认为本次澄清对工程量清单仅为减项，不会增加投标人制作投标文件工作量，显然与现行法律法规相悖。因此，A 公司决定不推迟投标截止日期的行为不合法。

---

❶ 参见《招标投标法实施条例释义》，国家发展和改革委员会法规司等编著，中国计划出版社，2012 年，第 49 页。

2.3.4 实务提示

对于发出澄清与投标截止时间的限制在现行法律中均存在明确规定，但所谓"可能影响资格预审申请文件或者投标文件编制"为"定性描述"，对于拟澄清或修改事项对资格预审申请文件或招标文件的编制影响程度和范围，较难准确量化，且各投标人综合实力不尽相同，其对招标文件澄清或修改的对应措施和策略也不尽相同。

因此，建议招标人在不违反现行法规规定的前提下，可就澄清或修改的内容先行书面通知所有投标人，征求所有投标人意见，是否可不进行投标截止日期的延期，并要求所有投标人进行书面回复。同时，应限定合理的回复时间，如全部投标人均同意不延期，则按原定招标程序进行；如全部或部分投标人提出澄清或修改内容影响其投标文件的编制，则招标人应当延迟投标截止日期。

2.4　案例4　关于招标人使用未中标人设计方案是否应补偿的认定

2.4.1　案情描述

某大型化工厂新建项目初步设计招标时，招标人在招标文件中约定"对未中标单位不补偿设计方案制作费用"。

A、B、C三家公司参与项目的投标，经综合评审，B公司的商务、技术、价格综合得分均排名第一，评标委员会推荐B公司为第一中标候选人，招标人按照评标委员会的推荐顺序，确定第一中标候选人B公司为中标单位。

招标人在后续审阅投标文件时发现，A公司的管道设计方案优于B公司，该方案优化了管路走向，节约了管线费用，因此在与B公司签订合同时要求其按照A公司的方案优化管路设计。

A公司得知此事后，要求招标人对使用其部分设计内容给予补偿，招标人以招标文件约定"对未中标单位不补偿设计方案制作费用"为由，认为A公司参加投标实际上响应了招标人的要约邀请，要约行为表示已同意对设计方案不予补偿，因此拒绝给予补偿。

2.4.2　焦点问题

招标人是否应对使用A公司提供的设计方案提供补偿？

2.4.3　法律分析

（1）设计方案不属于委托作品，招标人对设计方案无使用权。

委托作品是作者根据他人委托而创作完成的作品。该创作是先有委托人和作者之间的委托创作合同，作者接受委托人的委托并按照委托合同约定而创作；虽然设计方案是投标人基于招标人设计要求及项目条件作出，但由于投标人与招标人之间未就委托完成设计方案达成合意、未就委托设计费用达成一致，招标人也未向投标人支付任何设计费用，因此双方之间并未形成委托创作关系，不适用《最高人民法院关于审理著作权民事纠纷案件适用法律若干问题的解释》第十二条中规定的"按照著作权法第十七条规定委托作品著作权属于受托人的情形，委托人在约定的使用范围内享有使用作品的权利；双方没有约定使用作品范围的，委托人可以在委托创作的特定目的范围内免费使用该作品"的情形。

因此，投标人基于招标要求及项目条件完成的设计方案不属于委托作品，招标人对于该设计方案既无著作权，也无使用权。

（2）招标人不能以招标文件中约定的无补偿费用为由，认定其对于所有投标人的设计方案有合理使用权。

《工程建设项目勘察设计招标投标办法》第十五条规定，"勘察设计招标文件应当包括……勘察设计费用支付方式，对未中标人是否给予补偿及补偿标准"，招标人在招标文件中明确不对未中标人给予补偿是合法的，潜在投标人参与投标表示对该条款的默认。

然而，上述条款的补偿范围，仅界定在投标人在参与本次投标中所付出的智力成本范围，并不表示对投标人在付出智力成本后所获得的著作权的买断。

根据《工程建设项目勘察设计招标投标办法》第四十五条规定，"招标人或者中标人采用其他未中标人投标文件中技术方案的，应当征得未中标人的书面同意，并支付合理的使用费"，因此，本案虽不属于工程建设项目的勘察设计招标，仅是对未中标投标人方案的使用，但该使用行为已经突破招标文件约定的"对未中标单位不补偿设计方案制作费用"的范畴，招标人对未中标人方案的使用显然是为了获得更大的利益，建议招标人应参照上述规定，给予A单位相应技术方案的合理使用费。

2.4.4　实务提示

招标投标实务操作过程中，如拟招标项目涉及特殊工艺或做法，需由投标人进行具有针对性和创造性的方案设计，建议招标人在拟定招标文件时，可酌情对招标人可以合理使用未中标人方案及相应补偿设置具体条款，避免产生后续争议。

如招标文件中未设置上述条款，为避免不必要的法律纠纷，建议招标人如确需使用未中标单位的技术方案时，建议先征得未中标人的书面同意。

如招标文件中既未设置上述条款，又未征得未中标人同意使用其技术方案引起纠纷时，建议招标人核实其方案是否具有独创性。对于同一个招标项目，因招标要求和设计标准的限制，不同投标人的设计方案在一定程度上会存在相似之处，如何认定是否使用了未中标人的智力成果，应注意把握"实质性相似"原则。设计方案中有部分设计元素相同，并不能必然可以以此认定构成实质性相似。对于除细节变动和部分删减外，无论从外观还是内部结构，基本无差别的情形，应认定构成实质性相似，有可能侵犯未中标人著作权。对于最终使用方案属于业内常规设计或不能体现未中标人独创性的，应考虑不构成侵权。

2.5　案例 5　关于异议提出主体与异议意见的 处理与认定

2.5.1　案情描述

某大型建筑工程施工总承包项目招标，招标人根据项目实际要求在招标文件资格条件中设定如下要求：（1）投标人应具有建筑工程施工总承包一级资质；（2）投标人应具有机电工程施工总承包一级资质；（3）不接受联合体投标。

公告发布后，A、B、C 三家公司参与项目的投标，D 公司向招标人就招标文件内容提出异议，认为招标人设定资质要求相对于工程建设项目过高，同时具有建筑工程施工总承包一级资质和机电工程施工总承包一级资质的单位很少，涉嫌以设定和实际需要不相适应的资格排斥潜在投标人，建议招标人降低资格要求等级或接受联合体投标。

招标人收到异议后进行了分析，认同异议内容，但是如果此时终止招标，既不符合《工程建设项目施工招标投标办法》第十五条规定的"除不可抗力原因外，招标人在发布招标公告、发出投标邀请书后或者售出招标文件或资格预审文件后不得终止招标"的情形，又可能构成第七十二条规定的"招标人在发布招标公告、发出投标邀请书或者售出招标文件或资格预审文件后终止招标的，应当及时退还所收取的资格预审文件、招标文件的费用，以及所收取的投标保证金及银行同期存款利息。给潜在投标人或者投标人造成损失的，应当赔偿损失"的情形，考虑到目前购标的单位已够三家，招标人不愿承担相关经济赔偿损失及重新招标导致的工期损失，招标人便以 D 公司未购买招标文件、无资格提出异议为由，不对 D 公司异议进行处理。

2.5.2　焦点问题

（1）未购买招标文件的 D 公司是否有提出异议的权利？

（2）招标人在收到潜在投标人异议后，应如何处理？

2.5.3 法律分析

（1）未购买招标文件的D公司若属于潜在投标人或利害关系人，有提出异议的权利。

《招标投标法》第十八条规定，"招标人可以根据招标项目本身的要求，在招标公告或者投标邀请书中，要求潜在投标人提供有关资质证明文件和业绩情况，并对潜在投标人进行资格审查；国家对投标人的资格条件有规定的，依照其规定。招标人不得以不合理的条件限制或者排斥潜在投标人，不得对潜在投标人实行歧视待遇"；第六十五条规定，"投标人和其他利害关系人认为招标投标活动不符合本法有关规定的，有权向招标人提出异议或者依法向有关行政监督部门投诉"。

对招标投标活动提出异议或者进行投诉的主体，限于与该项招标投标活动有直接利害关系的人，即因为招标投标活动违反本法规定的规则和程序，已使或将会使其利益受到直接损害的人，包括投标人和其他利害关系人。"投标人"包括已对该项招标作出响应，提交了投标书，参加投标竞争的法人或者其他组织，以及参加依法招标的科研项目的投标的个人。"其他利害关系人"主要包括有意参加投标竞争，但因招标人的违法行为而不能参加投标竞争，因而丧失可能取得中标利益的潜在投标人。至于与该项招标投标活动无直接利害关系的其他人，当然可以对招标投标中的违法行为进行揭发、检举，但不属于本条规定的提出异议或进行投诉的主体。

本案中，D公司虽然未购买招标文件，但若其属于因招标文件资质要求设定过高而被排斥在外的潜在投标人或利害关系人，则有权依据上述规定向招标人提出异议。

同时提醒注意，根据《招标投标法实施条例》第二十二条规定，"潜在投标人或者其他利害关系人对资格预审文件有异议的，应当在提交资格预审申请文件截止时间2日前提出；对招标文件有异议的，应当在投标截止时间10日前提出。招标人应当自收到异议之日起3日内作出答复；作出答复前，应当暂停招标投标活动"，因此，本案中D公司作为利害关系人提出异议应在投标截止时间10日前提出。

（2）招标人收到潜在投标人异议后，经核实，确有违法违规情形，则应根据相关法律法规修改招标文件并重新招标。

《招标投标法实施条例》第二十三条规定，"招标人编制的资格预审文件、招标文件的内容违反法律、行政法规的强制性规定，违反公开、公平、公正和诚实信用原则，影响资格预审结果或者潜在投标人投标的，依法必须进行招标的项目的招标人应当在修改资格预审文件或者招标文件后重新招标"，因此，若符合如下两个条件的，则本项目招标人须修改招标文件并重新招标：

1）招标人招标文件违反了强制性规定，并违背公开、公平、公正和诚实信用原则。

招标投标活动中可能涉及违法违规的行为包括招标文件发售、现场踏勘、投标文件接收、评标委员会选择、开标程序、澄清、投标否决、招标候选人公示、中标通知、履约能力审查、合同谈判等。可能涉及违法违规的法律文件包括资格预审公告、招标公告、资格预审文件、招标文件、中标通知书等。潜在投标人、投标人和其他利害关系人如提出上述招标活动或法律文件存在遗漏错误、不具有合理性或违反法律规定，已经或可能侵害其合法权益的，均有权向招标人提出异议。

就本案而言，须结合相关事实判断招标人设定的资格条件是否系根据项目的实际需要，以及是否明显排斥了潜在的投标人，并违背了公平竞争的原则，如确实存在此种情形，招标人应按法律规定进行处理。

2）本项目属于依法必须招标的项目。

判断项目是否属于依法必须招标的项目，主要根据如下规定：

①《招标投标法》第三条，"在中华人民共和国境内进行下列工程建设项目包括项目的勘察、设计、施工、监理以及与工程建设有关的重要设备、材料等的采购，必须进行招标：（一）大型基础设施、公用事业等关系社会公共利益、公众安全的项目；（二）全部或者部分使用国有资金投资或者国家融资的项目；（三）使用国际组织或者外国政府贷款、援助资金的项目。前款所列项目的具体范围和规模标准，由国务院发展计划部门会同国务院有关部门制订，报国务院批准。法律或者国务院对必须进行招标的其他项目的范围有规定的，依照其规定"。

②《必须招标的工程项目规定》（国家发展和改革委员会令2018年第16号）第二条，"全部或者部分使用国有资金投资或者国家融资的项目包括：（一）使用预算资金200万元人民币以上，并且该资金占投资额10%以上的项目；（二）使用国有企业事业单位资金，并且该资金占控股或者主导地位的项目"。

第三条，"使用国际组织或者外国政府贷款、援助资金的项目包括：（一）使用世界银行、亚洲开发银行等国际组织贷款、援助资金的项目；（二）使用外国政府及其机构贷款、援助资金的项目"。

第五条，"本规定第二条至第四条规定范围内的项目，其勘察、设计、施工、监理以及与工程建设有关的重要设备、材料等的采购达到下列标准之一的，必须招标：（一）施工单项合同估算价在400万元人民币以上；（二）重要设备、材料等货物的采购，单项合同估算价在200万元人民币以上；（三）勘察、设计、监理等服务的采购，单项合同估算价在100万元人民币以上。同一项目中可以合并进行的勘察、设计、施工、监理以及与工程建设有关的重要设备、材料等的采购，合同估算价合计达到前款规定标准的，必须招标"。

③《必须招标的基础设施和公用事业项目范围规定》（发改法规规〔2018〕843号）第二条，"不属于《必须招标的工程项目规定》第二条、第三条规定情形的大型基础设施、公用事业等关系社会公共利益、公众安全的项目，必须招标的具体范围包括：（一）煤炭、石油、天然气、电力、新能源等能源基础设施项目；（二）铁路、公路、管道、水运，以及公共航空和 A1 级通用机场等交通运输基础设施项目；（三）电信枢纽、通信信息网络等通信基础设施项目；（四）防洪、灌溉、排涝、引（供）水等水利基础设施项目；（五）城市轨道交通等城建项目"。

根据前述规定，本项目若属于依法必须招标的项目，则招标人应修改招标文件并重新招标。若本项目不属于依法必须进行招标的项目，虽无法适用《招标投标法实施条例》第二十三条的规定，但根据《工程建设项目施工招标投标办法》第十五条"除不可抗力原因外，招标人在发布招标公告、发出投标邀请书后或者售出招标文件或资格预审文件后不得终止招标"的规定，本案也未出现可导致招标终止的不可抗力原因，不可随意终止招标。

2.5.4 实务提示

招标投标实务活动中，招标人在设定投标人资格条件时，应注意资格条件的设定与项目实际需求的匹配度，不能仅从希望选择到综合实力强的投标单位考虑从而设定较为严苛的条件及标准，而应结合项目实际情况，综合考虑投标人的履约能力、资质条件、财务状况、信用评价等，设置合理、合法、可行的资格条件及要求，创造可以充分发挥投标人实力和公平自由竞争的招标投标市场环境。

3

投标

中投咨询有限公司 & 北京市君都律师事务所 编著

3.1 案例6 关于前期咨询单位参与工程总承包项目投标的认定

3.1.1 案情描述

某非政府投资的大型公路建设工程设计施工总承包招标项目，在招标文件投标须知中设定：投标人不得为本标段提供过前期设计或咨询服务。该项目的可行性研究报告编制单位 A 公司购买了招标文件，经研究后向招标人就招标文件内容提出异议，并以九部委发布的《标准施工招标文件》中提及的"投标人不得为本标段提供过前期设计或咨询服务，但设计施工总承包除外"为依据，要求招标人修改招标文件。

招标人按照《工程建设施工项目招标投标办法》第三十五条的规定，即"招标人的任何不具独立法人资格的附属机构（单位），或者为招标项目的前期准备或者监理工作提供设计、咨询服务的任何法人及其任何附属机构（单位），都无资格参加该招标项目的投标"为由，回复 A 公司的异议并表示不予修改。A 公司遂向行政主管部门投诉，后行政主管部门以《公路工程设计施工总承包管理办法》第六条"总承包单位不得是总承包项目的初步设计单位、代建单位、监理单位或以上单位的附属单位"中未排除"可行性研究报告编制单位"为依据，责令招标人修改招标文件。

3.1.2 焦点问题

参与过前期可行性研究报告、初步设计等咨询的单位能否参与该项目的设计施工总承包投标？

3.1.3 法律分析

（1）政府投资的房屋和市政基础设施工程总承包项目中，招标人公开已经完成的项目建议书、可行性研究报告、初步设计文件的，前期咨询单位可以参与该项目投标。

住房和城乡建设部、国家发展和改革委员会共同颁布的《房屋建筑和市政基础设施项目工程总承包管理办法》（建市规〔2019〕12号）于2020年3月1日起正式实施，其中第十一条规定，"工程总承包单位不得是工程总承包项目的代建单位、项目管理单位、监理单位、造价咨询单位、招标代理单位。政府投资项目的项目建议书、可行性研究报告、初步设计文件编制单位及其评估单位，一般不得成为该项目的工程总承包单位。政府投资项目招标人公开已经完成的项目建议书、可行性研究报告、初步设计文件的，上述单位可以参与该工程总承包项目的投标，经依法评标、定标，成为工程总承包单位"。该条款对政府投资项目的总承包人资格在一定程度上放宽了政策，但也限制了条件，即要以公开前期文件为前提。该规定避免了因前期咨询或评估单位的提前介入优势而破坏公平竞争，从而导致损害国家、社会或第三人利益的法律后果。

（2）从现有法律规定来看，非政府投资的公路工程项目，前期咨询单位不得参与工程总承包项目投标。

本项目为非政府投资的公路工程项目，根据《公路工程设计施工总承包管理办法》第六条规定，"总承包单位应当具备以下要求：……（四）总承包单位（包括总承包联合体成员单位，下同）不得是总承包项目的初步设计单位、代建单位、监理单位或以上单位的附属单位"，项目的初步设计单位不得成为项目的投标人。对于项目可行性研究报告的编制主体，《公路工程设计施工总承包管理办法》未明确提出规定。

而根据《工程建设施工项目招标投标办法》第三十五条规定，"招标人的任何不具独立法人资格的附属机构（单位），或者为招标项目的前期准备或者监理工作提供设计、咨询服务的任何法人及其任何附属机构（单位），都无资格参加该招标项目的投标"。

再根据九部委公布的《标准设计施工总承包招标文件》（2012年版）第二章投标人须知中第1.4.3条规定，"投标人不得存在下列情形之一：……（2）为招标项目前期工作提供咨询服务的"。

因此，尽管对于前期咨询单位能否参与工程总承包项目投标，现行法律并未作出限制性规定，但相关部门规章有一定限制，投标人在过程中需加以关注。

3.1.4 实务提示

招标投标活动中，招标人在招标文件中应充分考虑各项目的性质和特点，明确其适用的法律法规及部门规章，并注意标准文件的必要性引用，避免出现不合规情形。

从工程总承包项目鼓励设计优化、追求价值工程的本质出发，允许前期咨询、设计单位参与项目投标，有利于发挥设计牵头在工程总承包项目中的优势，促使工程总承包模式焕发生机。然而，该类单位参与项目招标投标时，必须遵循招标投标程序公平、公正、充分竞争的原则，方可促使工程总承包模式的良好发展。

3.2 案例 7 关于具有股权关系的公司能否参与同一项目投标的认定

3.2.1 案情描述

A 公司为某交通行业大型国有集团公司，B 公司为其全资控股子公司，为增强企业实力，B 公司与 C 公司合资成立了 D 公司，由 C 公司控股，两方股份占比为 3：7。

在某公路施工项目招标中，A 公司和 D 公司均参与了投标，开标阶段，参与本项目的其他投标人当场提出异议，认为 A 公司和 D 公司存在关联关系，违反了招标投标公平的原则，建议招标人不予接受。

3.2.2 焦点问题

如何界定投标人之间是否存在股权关系、是否构成关联关系及其对投标的影响？

3.2.3 法律分析

（1）界定投标人之间是否存在关联关系，应以法律明确规定的情形以及招标人在招标文件中提前明示的情形为基础判断。

《招标投标法实施条例》第三十四条第二款规定，"单位负责人为同一人或者存在控股、管理关系的不同单位，不得参加同一标段投标或者未划分标段的同一招标项目投标"；《中华人民共和国政府采购法实施条例》（以下简称《政府采购法实施条例》）第十八条第一款规定，"单位负责人为同一人或者存在直接控股、管理关系的不同供应商，不得参加同一合同项下的政府采购活动"。

由上述规定可以得知，《招标投标法实施条例》与《政府采购法实施条例》中关于投标人之间存在关联关系的规定是相似的，区别仅在于后者限定为"直接控股、关联关系"，前者规定的范围更加宽泛，在此以前者为准进行分析：

第一，不同投标人的单位负责人为同一人。例如，《中华人民共和国会计法》第五十条规定，"单位负责人，是指单位法定代表人或者法律、行政法规规定代表单位行使职权的主要负责人"。其中单位法定代表人是指依照法律或者法人章程的规定，代表法人从事民事活动的负责人。再如，根据《中华人民共和国公司法》（以下简称《公司法》）第十三条规定，"公司法定代表人依照公司章程的规定，由董事长、执行董事或者经理担任"，公司的法定代表人为董事长、执行董事或者经理。另一类人员虽然不是法定代表人，但是依据法律、行政法规的规定，代表单位行使职权的主要负责人，此类人员的判定不如法定代表人明确，必须根据具体情况进行判断。

第二，投标人之间存在控股关系。《公司法》第二百一十六条规定，"控股股东，是指其出资额占有限责任公司资本总额百分之五十以上或者其持有的股份占股份有限公司股本总额百分之五十以上的股东；出资额或者持有股份的比例虽然不足百分之五十，但依其出资额或者持有的股份所享有的表决权已足以对股东会、股东大会的决议产生重大影响的股东"。据此，控股关系主要包括两种情形，即股东出资额或持股比例已经超过有限责任公司资本总额或者股份有限公司股本总额的百分之五十，也就是形成所谓"绝对控股"；股东出资额或持股比例虽然不足百分之五十，但其享有的表决权已足以对股东会或者股东大会的决议产生重大影响，形成所谓"相对控股"。

第三，投标人之间存在管理关系。所谓管理关系，法律上没有明确规定。《招标投标法实施条例释义》中对此进行了解释，即不具有出资持股关系的其他单位之间存在的管理与被管理关系，如一些事业单位。

本案的关键首先在于判断 A 公司与 D 公司的单位负责人是否为同一人，如果为同一人则成立关联关系，如果并非同一人，则不成立法定的关联关系。另外，若 A 公司与 D 公司之间不存在法定的关联关系，还应考察招标人在招标文件中对其他关联关系是否有明确界定，如果符合其认定标准，也应根据招标文件的规定对相关投标予以排除或否决。

（2）如果投标人之间存在法定关联关系，相关投标无效。对于依法必须进行招标的项目，如果因此对中标结果造成实质性影响，应依法重新招标或者评标。

根据《招标投标法实施条例》第三十四条第三款规定，"违反前两款规定的，相关投标均无效"，一旦认定不同投标人之间形成法律上的关联关系，存在关联关系的投标人的投标应属无效。

另外，《招标投标法实施条例》第八十一条规定，"依法必须进行招标的项目的招标投标活动违反招标投标法和本条例的规定，对中标结果造成实质性影响，且不能采取补救措施予以纠正的，招标、投标、中标无效，应当依法重新招标或者评标"。前述规定中的"实质性影响"，根据《招标投标法实施条例释义》，是指未能实现最优采购目的，包括应当参加投标竞争的人未能参加、最优投标人未能中标等。

因此，对于依法必须招标的项目，如果被认定为存在关联关系，若未对中标结果造成实质性影响，或者能采取补救措施予以纠正，则仅相关投标被认定无效，招标投标活动仍应按正常程序进行；若已经对中标结果造成实质性影响，且无法纠正，则应重新招标或者评标。

本案中，如果认定A公司与D公司存在法定关联关系，则A公司与D公司的投标均属无效。

3.2.4　实务提示

实务中，如项目属于依法必须招标的项目，根据上述分析，需要判断投标无效对中标结果的影响：如果没有实质性影响或者能够补救，则仅需排除相关公司的投标，招标投标活动应按程序正常进行；如果已经造成实质性影响且无法补救，比如应当参加投标竞争的人未能参加，则鉴于目前招标投标活动已进行到了开标环节，应考虑重新招标。

3.3　案例 8　关于联合体成员分立与联合体投标有效性的认定

3.3.1　案情描述

某大型建筑工程施工总承包项目采用资格预审方式进行招标，资格预审文件资格条件中设定：（1）投标人应具有建筑工程施工总承包一级资质；（2）投标人应具有机电工程施工总承包一级资质；（3）接受联合体投标。

公告发布后，具有建筑工程施工总承包一级资质的 A 公司与具有机电工程施工总承包一级资质的 B 公司组成联合体，参与了本项目的投标，并通过了资格预审。

在资格预审通过到下阶段评标之间，B 公司由于组织架构调整，分立为 C 公司和 D 公司，C 公司仍具备机电工程施工总承包一级资质的条件。经与有关行政主管部门沟通，C 公司需进一步履行资质变更手续。

联合体双方认为，虽 B 公司已分立，但从 A、B 公司联合角度以及资质角度，均对本项目投标不产生影响，遂未书面通知招标人，且仍然以 A、B 公司联合体进行投标，评标委员会在评审时由于已经通过资格审查环节，未对该联合体进行质疑。

评标结束后，该联合体成为排名第一的中标候选人。评标结果公示期间，招标人收到其他参与该项目投标人的异议，认为 B 公司的分立已经影响了该联合体的实质，要求否决其投标。

3.3.2　焦点问题

（1）联合体中的一方发生分立，是否影响联合体的有效性？

（2）《招标投标法实施条例》第三十七条以及第三十八条规定，在本案中应如何释义？

3.3.3　法律分析

（1）联合体中一方发生分立，如影响投标人资格条件或者招标公正性的，其投标无效，否则应为有效。

《招标投标法实施条例》第三十七条及《工程建设项目施工招标投标办法》第四十三条均规定，"招标人接受联合体投标并进行资格预审的，联合体应当在提交资格预审申请文件前组成。资格预审后联合体增减、更换成员的，其投标无效"。

根据上述规定，原则上在资格预审后，联合体的组成不得再进行变更，否则会产生投标无效的法律后果。具体如下：

第一，限制联合体成员变更的时间点为资格预审。资格预审前的联合体成员变更不影响招标投标程序正常进行，资格预审后的联合体成员变更则不被认可。根据《招标投标法实施条例》第十九条规定，"未通过资格预审的申请人不具有投标资格"，资格预审的目的在于确定合格投标人的范围。故而如果允许联合体成员在资格预审以后变更，资格预审将失去意义。

第二，联合体成员的变更包括增加、减少和更换成员等三种形式。增加是指原联合体成员以外的主体加入到联合体中来；减少是指原联合体中的部分成员退出了联合体；更换是指原联合体中部分或者全部成员被原联合体以外的成员进行了替换。

第三，资格预审后联合体成员变更，会导致投标无效的法律后果。这里存在的问题是，如果某联合体成员发生分立，是否应当视为联合体成员的变更。在这种情形下，联合体成员形式上发生了变化，但实质上承担联合体权利义务的主体并未发生变化。面对这种形式和实质的冲突，单从该条款文义上并不能够明确解答。笔者认为，应当适用目的解释和体系解释的方法进行理解，理由如下：

首先，该条款的目的在于保持联合体的履约能力和资格条件稳定，进而保证招标投标程序的公正性。如果联合体成员发生分立并未影响到联合体的履约能力或者资格条件，该种变化也符合招标文件实质性要求的，不应予以否定。

其次，《招标投标法实施条例》第三十八条规定，"投标人发生合并、分立、破产等重大变化的，应当及时书面告知招标人。投标人不再具备资格预审文件、招标文件规定的资格条件或者其投标影响招标公正性的，其投标无效"。通过该规定可以看出，投标人发生合并、分立、破产等重大变化，并非当然无效，而是如果因重大变化导致投标人不再具备资格条件或者其投标影响招标公正性时，才会导致投标无效的法律后果。该条款可视为第三十七条的一般性条款，因为联合体成员发生增减或者更换时，通常均会导致投标人资格条件和履约能力的变化，或者是影响到招标的公正性，故立法者将该种情形单列出来，予以明确规定。如果通过第三十七条无法判断，则应按第三十八条具体分析联合体分立是否影响联合体的资格条件和履约能力。

因此，资格预审后联合体成员发生增减或者更换，通常会导致投标无效。但是联合体成员分立，并不应视为"增减、更换成员"而必然导致投标无效，只有在这种分立影响了投标人的资格条件，或者是影响招标公正性的情况下，才会导致投标无效。

本案中，B公司分立发生在资格预审后，需要考察该分立是否影响原联合体的资格条件或者影响招标的公正性。因C公司需待资质变更手续完成后方能取得机电工程施工总承包一级资质，这就导致了联合体也暂时失去该资质，因而对联合体的资格条件可能会造成一定影响。

（2）联合体成员分立，应以联合体名义及时书面通知招标人。

根据《招标投标法实施条例》第三十八条规定，联合体成员发生合并、分立或者破产等重大变化时，应及时书面告知招标人。

B公司的分立属于联合体，即投标人的重大变化，故无论该分立的影响如何，均应以联合体的名义及时将相关情况书面告知招标人，以便由招标人组织评标委员会对B公司分立的影响进行评判，进而决定是否由该联合体中标。案例中该联合体认为B公司分立对本项目投标不产生影响，未履行书面告知义务的做法是存在瑕疵的。

3.4 案例9 关于不同投标文件信息交叉是否构成串通投标的认定

3.4.1 案情描述

某机电设备采购进行公开招标，评标办法采用经评审的最低价法，A、B等五家公司参与了本项目的投标，开标时，A公司投标报价最低。

评标期间，评标专家发现B公司的投标文件与A公司文件内容有重合，且B公司的投标承诺函等文件中还出现了A公司的名称。故评标专家依据《招标投标法实施条例》第四十条，"有下列情形之一的，视为投标人相互串通投标：不同投标人的投标文件由同一单位或者个人编制"，认定A、B两家公司相互串标，否决了两家公司的投标。

评标结果公示期间，A公司对自己最低投标报价但未中标提出异议，经特殊渠道A公司了解到投标被否决的原因，进一步提出异议，认为自身并未有串标投标行为。

异议处理期间，招标人重新查阅了A公司的文件，发现A公司的文件确实无B公司的任何信息，但是仍然以A、B两家公司不同投标人的投标文件由同一单位或者个人编制为由维持原评标结果。

A公司再次向招标人发函，称其经调查，发现其一名离职的员工到B公司工作，在B公司制作投标文件时，将曾经在A公司使用的投标文件模板套用在此项目中，因工作疏忽，部分地方也未替换相应内容和名称，A公司坚持并未与B公司串标，要求招标人重新评审该项目。

3.4.2 焦点问题

两家公司的投标文件中，其中一方出现另一方的信息，另一方是否也应被同等认定为具有串通投标行为？

3.4.3 法律分析

《招标投标法实施条例》第四十条规定，"有下列情形之一的，视为投标人相互串通投标：不同投标人的投标文件由同一单位或者个人编制；不同投标人委托同一单位或者个人办理投标事宜；不同投标人的投标文件载明的项目管理成员为同一人；不同投标人的投标文件异常一致或者投标报价呈规律性差异；不同投标人的投标文件相互混装；不同投标人的投标保证金从同一单位或者个人的账户转出"。

实践中，经案例检索，法院一般在认定存在不同投标人的投标文件由同一单位或者个人编制的情形时，多通过"加密锁序列信息相同""上传投标文件次序完全一致""两家公司登录电子交易平台时使用同一 IP 地址进行投标活动""两家公司授权书、投标函、投标文件在格式上相近""两家公司上传图片的属性显示图片文件拍摄的 GPS 经纬度一致，且出自同一台设备"等判断条件进行认定，即通过客观证据能够得出"由同一单位或个人编制"的主观确认。

具体到本案中，A 公司投标文件无任何 B 公司信息，但 B 公司的投标文件与 A 公司投标文件内容有重合，且 B 公司的投标承诺函等文件出现了 A 公司的名称，因此，评标专家和招标人确有理由怀疑 A、B 公司投标文件由同一单位或者个人编制。然而，若 A 公司能够及时向评标专家及招标人证明两公司投标文件重合部分非本项目招标文件所特有，且 B 公司投标文件出现其名称确系客观因素造成，两者不具备串标的客观行为及共谋的主观故意，并达到高度盖然性的证明标准，则招标人不应仅凭客观事实贸然认定 A、B 两公司存在串标行为。

3.4.4 实务提示

实务中，串标行为严重影响了招标投标的市场环境，对招标投标行为应严格认定并严厉处罚，方更契合《招标投标法》打击串标行为的价值趋向。然而，由于"串通投标"的意思表示一般具有隐蔽性且主观意图较难证明，对于疑似围标、串标的行为应如何裁量界定，应综合考量疑似串标主体的客观事实结果及行为意识和目的，并参考《中华人民共和国民事诉讼法》规定的高度盖然性证明标准作为基准予以权衡。❶ 对此，建议从完善法律体系入手，进一步完善对围标、串标行为的认定标准、裁量规则及依据，加强对招标代理机构及从业人员的管理，强化监管部门的监管职能。

---

❶　参见北京中景橙石科技股份有限公司与重庆华侨城实业发展有限公司合同纠纷案。

3.5 案例 10 关于招标人是否有权在唱标时修改错误报价的认定

3.5.1 案情描述

某电厂设备采购进行公开招标，开标时，招标人对所有递交的投标文件进行了唱标。

招标人唱标时发现，A 公司投标报价小写为 97.58 万元，大写为九百七十五万捌仟元，招标人凭借自己对项目的了解，认为本设备不可能低于 100 万元，于是自己进行了判断，同时认为投标文件大小写不一致的以大写为准，遂在唱标时以大写的报价进行唱标。

3.5.2 焦点问题

招标人是否有权利在唱标阶段以自己的判断为准对有明显错误的报价修改后进行唱标？

3.5.3 法律分析

总体而言，笔者认为本案中，招标人无权自己判定投标报价是否错误，其唱标程序违反法律规定。

根据《招标投标法》第三十九条规定，"评标委员会可以要求投标人对投标文件中含义不明确的内容作必要的澄清或者说明，但是澄清或者说明不得超出投标文件的范围或者改变投标文件的实质性内容"。同时，《招标投标法实施条例》第五十二条规定，"投标文件中有含义不明确的内容、明显文字或者计算错误，评标委员会认为需要投标人作出必要澄清、说明的，应当书面通知该投标人"……

根据上述规定可知，开标是招标投标程序中公开、公正、公平原则的重要体现，通过唱标让投标人了解报价情况，对于招标文件中出现含义不明确的内容，应待进入评标环节后，由评标委员会予以判定，如评标委员会认为需要投标人作出必要澄清、说明的，再由评标委员会通知投标人予以澄清、说明，而不应由招标人在唱标时以自己的判断对存有明显错误的报价进行选择性唱标，招标人开标时应如实唱标。

本案中，A公司投标报价存在大小写不一致的情形，属于投标文件含义不明确，招标人无权自己判定投标报价的错误性，其唱标程序不符合法律规定。

3.5.4 实务提示

实务中，开标环节是程序性极强的环节，从时间、空间、内容和形式上都体现了公平、公正、公开的法律宗旨，由于投标人的主客观原因，常会出现投标报价前后不一致、大小写不一致等情形，由此引发诸多争议。

开标唱标环节只是一个信息公开的过程，本质上并不能产生判断或修正投标文件内容的法律效果，虽如此，仍建议健全招标投标文件异议、澄清或说明、修正等管理制度，在招标文件中事先明确招标人关于投标人异议的受理渠道、受理期限、处理方式、文件格式要求等内容，严格按照相关规定开展唱标活动，并依法记录开标情况，避免对投标文件内容的实质性内容进行评判。

3.6　案例 11　关于未参加开标的投标人是否有权事后提出异议的认定

3.6.1　案情描述

某电厂设备采购进行公开招标，招标人在投标须知中注明：本项目可采取邮寄方式递交投标文件，但投标人应在投标文件截止日期前将投标文件邮寄到开标地点。

A公司为节约差旅成本，采取邮寄方式递交投标文件且未参与开标会，开标时，招标人对所有递交的投标文件进行了唱标。

招标人唱标时发现 A 公司投标报价大小写不一致，遂在唱标时以大写的报价进行唱标。

后 A 公司通过其他方式得知唱标结果，意识到投标文件编制人员误看了小数点导致大写报价错误，在评标委员会评标期间，向招标人提出澄清，要求修改投标报价。

3.6.2　焦点问题

（1）对采取邮寄方式寄送的投标文件，投标人能否在开标会后对唱标内容提出异议？

（2）投标报价有明显错误的，投标人可否予以主动澄清？

3.6.3　法律分析

（1）投标人不能在开标会后对唱标内容提出异议。

《招标投标法实施条例》第四十四条规定，"……投标人对开标有异议的，应当在开标现场提出，招标人应当当场作出答复，并制作记录"。《政府采购货物和服务招标投标管理办法》第四十二条第二款也有类似规定。

《电子招标投标办法》第三十九条规定,"投标人或者其他利害关系人依法对资格预审文件、招标文件、开标和评标结果提出异议,以及招标人答复,均应当通过电子招标投标交易平台进行"。

上述规定均明确了投标人参加开标会议以及对开标会议提出异议的权利,投标人对开标存有异议、招标人对异议作出答复都必须在开标现场进行,开标程序结束后或者离开开标现场再提出异议,均是不合法且无效的,与投标人采取何种方式递交投标文件、投标人是否参加开标会议均无关。本案例中,A公司并未参与开标会,应视为其自行放弃了开标异议的权力,开标会后无权对唱标内容提出异议。

需要强调的是,根据《电子招标投标办法》的规定,对于电子招标项目,投标人提出异议应通过电子招标投标交易平台进行。

(2)投标人只能应评标委员会要求对投标文件予以澄清、说明,不能主动提出。

《招标投标法》第三十九条规定,"评标委员会可以要求投标人对投标文件中含义不明确的内容作必要的澄清或者说明,但是澄清或者说明不得超出投标文件的范围或者改变投标文件的实质性内容"。

《招标投标法实施条例》第五十二条规定,"投标文件中有含义不明确的内容、明显文字或者计算错误,评标委员会认为需要投标人作出必要澄清、说明的,应当书面通知该投标人。投标人的澄清、说明应当采用书面形式,并不得超出投标文件的范围或者改变投标文件的实质性内容"。

因此,进入评标环节后,投标文件表述不明确的地方,评标委员会可以要求投标人作出澄清或说明,需要说明的是,投标人只能依据评标委员会要求进行澄清或说明,无权主动要求澄清、说明。本案中A公司投标文件存在投标报价大小写不一致情形,属于投标文件存在明显文字错误,评标委员会可以要求投标人予以澄清,但A公司不能主动提出澄清或说明。

3.7 案例 12 关于开标前出具弃标函后能否继续参与投标的认定

3.7.1 案情描述

某小型设备公开招标项目，由于特殊原因，招标人修改了开标地点，并以澄清形式书面通知所有投标人。A 公司作为本项目投标人，收到澄清后致电招标人，招标地点修改将导致其差旅成本大大增加，投标效益得不到保障，决定放弃投标。招标人要求投标人出具书面文件，投标人向招标人出具了签字盖章的书面弃标函。

开标时，A 公司由于有员工刚好有其他事项要赴项目开标地点出差，A 公司便委托该员工递交投标文件，开标现场，招标人以 A 公司已经出具书面弃标函为由不予接受 A 公司递交的投标文件。

A 公司与招标人在开标现场当场引发争执。

3.7.2 焦点问题

投标人能否在书面表示放弃投标后反悔，继续参与项目投标？

3.7.3 法律分析

（1）投标人可以在提交投标文件的截止时间前撤回投标文件。

《招标投标法》《招标投标法实施条例》及《电子招标投标办法》对于投标文件的撤回主体、撤回时点、撤回程序、投标保证金的退还责任及期限均有明确规定，《招标投标法》第二十九条，"投标人在招标文件要求提交投标文件的截止时间前，可以补充、修改或者撤回已提交的投标文件，并书面通知招标人。补充、修改的内容为投标文件的组成部分"；《招标投标法实施条例》第三十五条，"投标人撤回已提交的投标文件，应当在投标截止时间前书面通知招标人。

招标人已收取投标保证金的,应当自收到投标人书面撤回通知之日起5日内退还。投标截止后投标人撤销投标文件的,招标人可以不退还投标保证金";《电子招标投标办法》第二十七条,"投标人应当在投标截止时间前完成投标文件的传输递交,并可以补充、修改或者撤回投标文件。投标截止时间前未完成投标文件传输的,视为撤回投标文件。投标截止时间后送达的投标文件,电子招标投标交易平台应当拒收"。

由上述规定可知,对于投标文件的撤回问题,主要存在如下几方面规定:

1)撤回主体:应由投标人主动撤回。

2)撤回时点:投标文件提交截止时间之前。

3)撤回程序:应以书面形式通知招标人。

4)法律责任:招标人退还保证金。

本案中,A公司在投标文件提交截止时间之前向招标人出具书面弃标函,从法律效力上讲,已经产生撤回投标的法律效力。

(2)投标人撤回投标后是否可以继续参与项目投标。

招标投标活动作为民事活动之一,受到《招标投标法》与《中华人民共和国合同法》(以下简称《合同法》)的双重约束,从招标公告及招标文件性质来看,其属于要约邀请,投标文件属于要约。根据《中华人民共和国民法总则》第一百四十一条规定,"行为人可以撤回意思表示",《合同法》第十七条规定,"要约可以撤回"及《招标投标法》第二十八条❶规定,投标人应在招标文件要求提交投标文件的截止时间前,将投标文件送达投标地点,在招标文件要求提交投标文件的截止时间后送达的投标文件,招标人应当拒收。据此,法律并未明确规定投标人撤回投标文件后不可再递交投标文件,基于意思自治原则,在招标文件没有明文规定投标人撤回投标文件后不可再提交投标文件的前提下,投标人可以继续参与项目投标,但必须依法提交投标文件。

---

❶ 《招标投标法》第二十八条:投标人应当在招标文件要求提交投标文件的截止时间前,将投标文件送达投标地点。招标人收到投标文件后,应当签收保存,不得开启。投标人少于三个的,招标人应当依照本法重新招标。

在招标文件要求提交投标文件的截止时间后送达的投标文件,招标人应当拒收。

3.7.4　实务提示

实务中，招标投标程序中，因投标人撤回、撤销以及弃标行为引发的纠纷日益增多，建议进一步落实主体监管责任，从保证招标投标公平、公正的角度出发，规定在招标文件中明示投标文件撤回的程序、撤回投标文件后继续参加投标的条件等实质性问题，避免招标投标双方因此产生争端，推动招标投标活动的健康发展。

4

评标

中 投 咨 询 有 限 公 司 & 北 京 市 君 都 律 师 事 务 所 编著

4.1　案例 13　关于投标文件与实际资格状况不一致的认定

4.1.1　案情描述

在某设备检修招标项目中，招标文件中的"投标人资质最低要求"规定，"投标人应取得有效的安全生产许可证"。在投标人 A 公司所递交的投标文件中，其所附安全生产许可证显示有效期截至 2018 年 11 月 17 日，故评标委员会以 A 公司提供的安全生产许可证在评标时已失效为由否决其投标。

中标公示期内，A 公司向招标人提出质疑，认为其报价最低，至少应被列为中标候选人。

招标人收到质疑后，进行了认真复核。经核查 A 公司所在省的住房和城乡建设厅官网，招标人发现该官网显示 A 公司的安全生产许可证有效期已延长至 2021 年 11 月 17 日。

针对上述质疑，招标人组织原评标委员会进行了复议，原评标委员会认定 A 公司的投标文件不满足招标文件资质要求，故维持原评标结果不变。

4.1.2　焦点问题

（1）投标人递交的投标文件中所承载的资质、业绩等情况与实际不符时，评标委员会如何进行评审？

（2）投标文件真实性由谁负责？

（3）对于投标文件与实际不符的文件，评标委员会是否应向投标人提出澄清或要求说明？

（4）评标委员会否决 A 公司的投标是否违法？

4.1.3 法律分析

（1）评标委员会对投标文件的真实性进行形式审查，可仅根据投标人递交的投标文件作出评标判断。

招标人通过招标的方式选定中标人，一般在招标文件中设置相应的要求，包括投标人需具备一定的资质，有过类似的项目经验等。投标人参加投标的，应就其具备招标人要求的资质、项目经验提供文件证明，评标委员会负责对投标人递交的文件进行审查。

根据《招标投标法》第四十条规定，"评标委员会应当按照招标文件确定的评标标准和方法，对投标文件进行评审和比较；设有标底的，应当参考标底。评标委员会完成评标后，应当向招标人提出书面评标报告，并推荐合格的中标候选人"。评标委员会是按照招标文件对投标文件进行评审，这种评审更接近于形式审查，而并非全面审查，即对投标文件所承载的信息进行评审。一方面，囿于目前的信息渠道和检索条件尚不完善，评标委员会难以对投标人提供的所有资质、业绩文件一一核实；另一方面，如投标人确系存在弄虚作假行为的，法律也有相应严格的惩戒措施。因此，评标委员会仅根据投标文件认定A公司安全生产许可证过期并无过错。

（2）评标专家应当仅根据招标文件进行评审，而不应当从外界信息中寻求对投标人有利或不利的信息作为评审依据。

如果招标文件中已经规定评标委员会可以依据政府设立的公共信用评价系统获取企业资质、信用、业绩、奖惩等信息作为评标依据的，则可以使用这些信息进行评审。

投标人对其编制、递交的投标文件的真实性、准确性、合法性应当承担责任。在本案中，A公司提交的是已经过期的安全生产许可证，且没有就正在或者已经办理续期的事实提供证据列入投标文件，A公司应当对自己的行为承担后果。

因此，出现投标人递交的投标文件中所承载的资质、业绩等情况与实际不符时，考虑到信息的不对称及实际情况的认定难度，评标委员会应根据投标文件提供的信息进行审查。

（3）对于投标文件与实际不符的，评标委员会不应向投标人提出澄清或要求说明。

根据《招标投标法》第三十九条规定，"评标委员会可以要求投标人对投标文件中含义不明确的内容作必要的澄清或者说明，但是澄清或者说明不得超出投标文件的范围或者改变投标文件的实质性内容"，及《招标投标法实施条例》第五十二条规定，"投标文件中有含义不明确的内容、明显文字或者计算错误，评标委员会认为需要投标人作出必要澄清、说明的，应当书面通知该投标人。投标人的澄清、说明应当采用书面形式，并不得超出投标文件的范围或者改变投标文件的实质性内容。评标委员会不得暗示或者诱导投标人作出澄清、说明，不得接受投标人主动提出的澄清、说明"，及《评标委员会和评标方法暂行规定》第十九条规定，"评标委员会可以书面方式要求投标人对投标文件中含义不明确、对同类问题表述不一致或者有明显文字和计算错误的内容作必要的澄清、说明或者补正。澄清、说明或者补正应以书面方式进行并不得超出投标文件的范围或者改变投标文件的实质性内容。投标文件中的大写金额和小写金额不一致的，以大写金额为准；总价金额与单价金额不一致的，以单价金额为准，但单价金额小数点有明显错误的除外；对不同文字文本投标文件的解释发生异议的，以中文文本为准"，评标委员会要求投标人澄清、说明和补正的内容仅限于"含义不明确、对同类问题表述不一致或者有明显文字和计算错误的内容"。

本案中，A公司提交的安全生产许可证已过期并不属于评标委员会要求投标人澄清、说明和补正的内容。即便评标委员会在评标时了解到投标文件中A公司安全生产许可证实际已经续期的情况，也不应要求A公司澄清、说明。

（4）评标委员会否决A公司的投标不违反《招标投标法》《招标投标法实施条例》及其他法律规定。

关于投标人资格条件不符合招标文件要求的后果，《评标委员会和评标方法暂行规定》第二十二条规定，"投标人资格条件不符合国家有关规定和招标文件要求的，或者拒不按照要求对投标文件进行澄清、说明或者补正的，评标委员会可以否决其投标"。第二十三条规定，"评标委员会应当审查每一投标文件是否对招标文件提出的所有实质性要求和条件作出响应。未能实质性响应的投标，应当予以否决"。A公司安全生产许可证过期，属于投标人资格条件不符合招标文件要求的情形，评标委员会否决其投标符合法律规定。

《招标投标法》及《招标投标法实施条例》没有有关评标委员会复议的具体法律规定，但在招标投标实务中，投标人在评标结束后提出询问或质疑的，通常招标人会组织评审专家配合、协助招标人或招标代理机构答复质疑。

如同本案例所述情形，中标公示期内，投标人A公司提出质疑，为了答复投标人的质疑，招标人组织评标委员会进行复议。又鉴于前已述及，评标委员会应依据A公司递交的投标文件审查其是否满足招标文件的要求，故在A公司投标文件所承载许可证业已失效的情况下，评标委员会否决A公司的投标不存在违反《招标投标法》及《招标投标法实施条例》规定的情形，建议维持原评标结果。

（5）中标候选人履约能力发生变化的，招标人有权要求评标委员会对其重新审查。

根据《招标投标法实施条例》第五十六条规定，"中标候选人的经营、财务状况发生较大变化或者存在违法行为，招标人认为可能影响其履约能力的，应当在发出中标通知书前由原评标委员会按照招标文件规定的标准和方法审查确认"，该条规定赋予了招标人在中标通知书发出之前，发现中标候选人履约能力发生变化时，重新审查该中标候选人的投标文件的权利。A公司并非中标候选人，不适用本条规定，且重新审查为招标人的权利，可选择使用。

4.1.4　实务提示

招标人、招标代理机构在编制招标文件时应明确对投标人的资质、业绩要求，并要求投标人就此提供真实、有效的证明文件，同时声明，评标委员会的审核以投标人递交的投标文件为准，如投标人递交的投标文件与实际情况不符的，相应后果由投标人自行承担。

4.1.5　立法建议

实践中，由于造假违法成本低，招标人受行政权力限制较少，故对很多投标人造假行为难以认定，导致项目执行效果不好，最终造成招标人利益损失。建议在未来立法中，增强对投标人造假行为的惩戒力度，打造诚信社会，保障招标人合法权益。

4.2 案例 14 关于投标报价调整及评标澄清发出边界的认定

4.2.1 案情描述

在某招标项目中，投标人 A 公司在开标一览表及投标文件价格部分中的投标总价均为 120 万元，但在 A 公司投标文件分项报价表中，根据 A 公司各分项报价加总所得总和为 135 万元。

评标委员会按照招标文件关于调价的规定向 A 公司发出澄清，要求 A 公司确认报价为 135 万元。A 公司按照评标委员会的澄清要求进行了确认答复。经评审，A 公司被评标委员会推荐为第一中标候选人。

在招标过程中，各相关方对是否需要发出澄清、价格调整规则、公示价格及合同签订价格等问题持有不同观点。有的观点认为，标准招标文件范本中已明确规定分项价格与总价不一致时的调整规则，评标委员会直接修正即可，无须发出澄清；有的观点认为，公示环节应该公示投标报价 120 万元，不应该公示调整后的报价 135 万元，同时，按照有利于招标人的原则，合同签订价格应维持 120 万元不变；有的观点认为，价格调整后投标报价实际上已经变更，因此公示价格和合同签订价格均应随之调整为 135 万元。

4.2.2 焦点问题

（1）投标报价分项价与总价不一致时，评标委员会按招标文件规定调价时，是否应发出澄清要求投标人进行确认？

（2）中标候选人公示环节应当公示初始投标报价还是评标调整后的价格？合同签订价格应按照初始投标报价还是评标调整后的价格进行确认？

（3）评标时在何种情况下评标委员会应当向投标人发出澄清？澄清内容的范围有何限制？

4.2.3 法律分析

（1）可以由评标委员会向投标人发出澄清并要求投标人对价格的调整进行确认。

《招标投标法实施条例》第五十二条规定，"投标文件中有含义不明确的内容、明显文字或者计算错误，评标委员会认为需要投标人作出必要澄清、说明的，应当书面通知该投标人。投标人的澄清、说明应当采用书面形式，并不得超出投标文件的范围或者改变投标文件的实质性内容"。

《评标委员会和评标方法暂行规定》第十九条规定，"评标委员会可以书面方式要求投标人对投标文件中含义不明确、对同类问题表述不一致或者有明显文字和计算错误的内容作必要的澄清、说明或者补正。澄清、说明或者补正应以书面方式进行并不得超出投标文件的范围或者改变投标文件的实质性内容。投标文件中的大写金额和小写金额不一致的，以大写金额为准；总价金额与单价金额不一致的，以单价金额为准，但单价金额小数点有明显错误的除外；对不同文字文本投标文件的解释发生异议的，以中文文本为准"。

由上述法规可知，鉴于 A 公司的投标文件存在投标报价与分项单价不一致的情形，属于评标委员会可以要求投标人澄清、说明的情形。同时，《评标委员会和评标方法暂行规定》也明确了总价金额与单价金额不一致的，以单价金额为准。本案中评标委员会也可以不发出澄清、说明，直接根据单价金额即 135 万确定投标价格。

（2）中标候选人公示环节应当公示评标调整后的价格，合同签订价格也应按照评标调整后的价格进行确认。

投标总价金额和单价金额不一致时，投标人的澄清行为是否属于改变投标文件的实质性内容成为问题关键。

《评标委员会和评标方法暂行规定》第十九条规定，"评标委员会可以书面方式要求投标人对投标文件中含义不明确、对同类问题表述不一致或者有明显文字和计算错误的内容作必要的澄清、说明或者补正。澄清、说明或者补正应以书面方式进行并不得超出投标文件的范围或者改变投标文件的实质性内容。投标文件中的大写金额和小写金额不一致的，以大写金额为准；总价金额与单价金额不一致的，以单价金额为准，但单价金额小数点有明显错误的除外；对不同文字文本投标文件的解释发生异议的，以中文文本为准"。

九部委共同编制的《标准设备采购招标文件》（2017年版）第三章评标办法（综合评估法）3.1.3部分规定，"投标报价有算术错误及其他错误的，评标委员会按以下原则对投标报价进行修正，并要求投标人书面澄清确认。投标人拒不澄清确认的，评标委员会应当否决其投标：（1）投标文件中的大写金额与小写金额不一致的，以大写金额为准；（2）总价金额与单价金额不一致的，以单价金额为准，但单价金额小数点有明显错误的除外；（3）投标报价为各分项报价金额之和，投标报价与分项报价的合价不一致的，应以各分项合价累计数为准，修正投标报价；（4）如果分项报价中存在缺漏项，则视为缺漏项价格已包含在其他分项报价之中"。

据此可知，总价金额和单价金额不一致，经澄清后以单价金额为投标价并非对投标文件的实质修改。故在中标候选人公示环节应当公示评标调整后的价格，同时签订合同时应以评标调价后的实际投标报价为准。

（3）《招标投标法》和《招标投标法实施条例》作为招标投标活动的基本规定，对评标时澄清的提出、内容、范围做了界定。

投标人递交的投标文件表述不明确，评标委员会可以要求投标人就此作必要的澄清或者说明。主要包括三种情形：

其一，投标文件的内容含义不明确；

其二，投标文件对同类问题表述不一致；

其三，投标文件存在明显文字和计算错误。

只有存在上述三种情形的，评标委员会才可以要求投标人对该等问题作必要的澄清或者说明，除此以外的则不能要求投标人进行澄清或者说明。需要强调的是，投标澄清只能在评标委员会要求投标人作出的情况下，投标人才可以澄清，投标人无权主动要求对投标文件进行澄清、说明。

对于投标人应评标委员会要求作出的澄清或者说明，应严格要求该等澄清或者说明不得超出投标文件的范围或者改变投标文件的实质性内容（即合同的标的、价款、质量、履行期限等主要条款）。

（4）应分情况讨论澄清或说明超出范围或改变内容的情形。

如投标人的澄清或者说明超出了投标文件的范围或者实质性改变了投标文件内容的，则应区分为两种情形处理：

其一，投标人的澄清、说明实质性改变投标文件内容，但未构成"投标文件没有对招标文件的实质性要求和条件作出响应"的，评标委员会仍按原投标文件的内容进行评定；

其二，投标人的澄清、说明实质性改变投标文件内容，并构成"投标文件没有对招标文件的实质性要求和条件作出响应"的，根据《招标投标法实施条例》第五十一条之规定，评标委员会应当否决其投标。

4.2.4　实务提示

《评标委员会和评标方法暂行规定》中，对《招标投标法》规定的"投标文件中含义不明确的内容"作了进一步的细化和完善，而对于"但是澄清或者说明不得超出投标文件的范围或者改变投标文件的实质性内容"中有关实质性内容的定义仍然相对模糊。

上述下位法对《招标投标法》的细化解读，引发了新的矛盾，即投标报价存在明显文字和计算错误与投标报价作为实质性要素不应改变之间的矛盾。

在此，从立法本意的角度进行解读，招标投标法律体系主要建立在公平竞争原则基础上，由此推断，所谓"澄清或者说明不得超出投标文件的范围或者改变投标文件的实质性内容"主要为防止招标参与各方在不平等、非公开情况下暗箱操作，以不正当手段修改投标文件实质内容从而操纵招标结果。

另外，"投标文件中有含义不明确的内容、明显文字或者计算错误"属人为失误，是在错误可补偿可接受范围内。因此，即便对"投标报价存在明显文字和计算错误"进行澄清，实际并不存在妨害招标投标活动公平、公正的可能性，故从提高招标采购效率的角度出发，笔者认为应予澄清。

4.3 案例 15 关于评标期间收到异议的处理及认定

4.3.1 案情描述

在某货物招标项目中，投标人 A 公司在评标过程中向招标人和评标委员会提出异议，认为本项目另一投标人 B 公司曾被列为"失信被执行人"，故要求评标委员会否决 B 公司的投标。

4.3.2 焦点问题

（1）招标人和评标委员会在评标过程中是否须接受投标人提出的异议？招标人和评标委员会应当如何答复 A 公司在评标时所提出的异议？

（2）"失信被执行人"如何界定？"失信被执行人"的投标资格如何界定？若认定情况属实，是否可以否决 B 公司的投标？应当否决或不得否决的依据是什么？

4.3.3 法律分析

（1）法律规定了招标投标过程中三种类型的异议，投标人向招标人提出异议的，招标人应根据法律规定进行答复。

《招标投标法》及《招标投标法实施条例》规定了三种类型的投标人异议，分别是：

其一，投标人对资格预审文件和招标文件的异议。

《招标投标法实施条例》第二十二条规定，"潜在投标人或者其他利害关系人对资格预审文件有异议的，应当在提交资格预审申请文件截止时间 2 日前提出；对招标文件有异议的，应当在投标截止时间 10 日前提出。招标人应自收到异议之日起 3 日内作出答复；作出答复前，应当暂停招标投标活动"。

由前述规定可知，①提出异议的主体：潜在投标人或者其他利害关系人。②异议针对的对象：资格预审文件和招标文件。③提出异议的时间：对资格预审文件有异议的,在提交资格预审申请文件截止时间2日前提出。对招标文件有异议的,应当在投标截止时间10日前提出。④招标人的处理时间:收到异议之日起3日内作出答复。

其二,投标人对开标的异议。

《招标投标法实施条例》第四十四条规定,"投标人对开标有异议的,应当在开标现场提出,招标人应当当场作出答复,并制作记录"。

由前述规定可知,①提出异议的主体:投标人。②异议针对的对象:开标。③提出异议的时间:在开标现场提出。④招标人的处理时间:当场作出答复。

其三,投标人对评标结果的异议。

《招标投标法实施条例》第五十四条规定,"依法必须进行招标的项目,招标人应当自收到评标报告之日起3日内公示中标候选人,公示期不得少于3日。投标人或者其他利害关系人对依法必须进行招标的项目的评标结果有异议的,应当在中标候选人公示期间提出。招标人应当自收到异议之日起3日内作出答复;作出答复前,应当暂停招标投标活动"。

由前述规定可知,①提出异议的主体:投标人或者其他利害关系人。②异议针对的对象:评标结果。③提出异议的时间:中标候选人公示期间。④招标人的处理时间:收到异议之日起3日内作出答复。

综上,异议的接受和处理主体是招标人,评标委员会不能接受异议和处理异议。

结合本案例,评标过程中投标人A公司提出的异议,可能属于第二和第三种类型,即投标人对开标的异议或者对评标结果的异议。如果A公司提出的异议符合法律规定的可以提出异议的内容和时间,那么招标人应当接受,并根据异议的内容按照法律规定进行处理。如果A公司提出的异议并非对开标的异议或者对评标结果的异议,那么其应当根据《招标投标法实施条例》第六十条规定,即"投标人或者其他利害关系人认为招标投标活动不符合法律、行政法规规定的,可以自知道或者应当知道之日起10日内向有关行政监督部门投诉。投诉应当有明确的请求和必要的证明材料。就本条例第二十二条、第四十四条、第五十四条规定事项投诉的,应当先向招标人提出异议,异议答复期间不计算在前款规定的期限内",自知道或者应当知道之日起10日内向有关行政监督部门投诉。

（2）投标人正被纳入失信被执行人名单的，其投标资格将被限制，参与投标的，其投标一般会被否决。

《招标投标法》第二十六条规定，"投标人应当具备承担招标项目的能力；国家有关规定对投标人资格条件或者招标文件对投标人资格条件有规定的，投标人应当具备规定的资格条件"。据此，即便招标文件没有对某类投标人的资格作出限制，但国家有关规定有限制的，应当按照国家有关规定执行。

《最高人民法院、国家发展和改革委员会、工业和信息化部、住房和城乡建设部、交通运输部、水利部、商务部、国家铁路局、中国民用航空局关于在招标投标活动中对失信被执行人实施联合惩戒的通知》（法〔2016〕285号）、《国家发展和改革委员会、最高人民法院、中国人民银行等关于印发对失信被执行人实施联合惩戒的合作备忘录的通知》（发改财金〔2016〕141号）以及中共中央办公厅、国务院办公厅印发的《关于加快推进失信被执行人信用监督、警示和惩戒机制建设的意见》均对依法必须进行招标的工程建设项目、政府采购项目、政府投资项目或主要使用财政性资金项目中失信被执行人问题进行了规定，即招标文件会规定对于失信被执行人是投标否决项，即便招标文件没有规定，也可以否决该投标。对于其他项目，通常招标文件会作出具体规定。

因此，对于招标项目中，投标人为失信被执行人，其投标需分情况进行处理：

如该货物招标项目为依法必须进行招标的工程建设项目、政府采购项目、政府投资项目或主要使用财政性资金项目，那么无论招标文件就失信被执行人的投标是否进行规定，都可以否决投标；如果为其他项目招标，需根据招标文件的规定执行。

本案中，若B公司是此前曾被纳入失信被执行人，而在招标公告发出时已经被移出失信被执行人的，则不能作为限制招标投标情形。

4.3.4　实务提示

为了杜绝发生类似本招标项目所存在的情况，招标人应当在资格预审公告、招标公告、投标邀请书及资格预审文件、招标文件中明确规定对失信被执行人的处理方法和评标标准。

4.4 案例16 关于评标专家评标过程中离场且拒不签字时评标报告效力的认定

4.4.1 案情描述

在某房屋施工招标项目中，评标委员会中的两位专家针对某投标人所提技术方案是否属于重大偏离产生分歧，其中一位专家在争执不下后愤而离去，经劝说后仍拒不对评标报告进行签字确认。

4.4.2 焦点问题

（1）专家离场行为的性质如何认定？若其拒不返回时是否可补充抽取其他专家继续评审？

（2）专家拒不签字时评标报告效力如何？

4.4.3 法律分析

（1）评标专家在评审活动进行中离场的，应当更换评标委员会成员，由更换后的评标委员会成员重新进行评审。

本案中专家离场性质的界定应当根据专家离场的时间分别界定。如果专家在评审报告未出具之前，即在评审活动进行中离场则属于擅离职守的行为。如果专家在评审报告出具之后，签字确认环节离场，则应当属于拒绝在评审报告签字确认的行为。

《招标投标法实施条列》第四十六条第一、二款规定，"除招标投标法第三十七条第三款规定的特殊招标项目外，依法必须进行招标的项目，其评标委员会的专家成员应当从评标专家库内相关专业的专家名单中以随机抽取方式确定。任何单位和个人不得以明示、暗示等任何方式指定或者变相指定参加评标委员会的专家成员。依法必须进行招标的项目的招标人非因招标投标法和本条例规定的事由，不得更换依法确定的评标委员会成员。更换评标委员会的专家成员应当依照前款规定进行"；第四十八条第三款规定，"评标过程中，评标委员会成员有回避事由、擅离职守或者因健康等原因不能继续评标的，应当及时更换。被更换的评标委员会成员作出的评审结论无效，由更换后的评标委员会成员重新进行评审"。

（2）专家在评审报告出具之后，签字确认环节离场，不签字且不书面说明意见和理由的，则视为同意评标结论。

本案中，如果评审结论和评审报告已经完成，评标专家离场并拒绝在评标报告上签字和拒绝书面陈述不同意见和理由的，根据《评标委员会和评标方法暂行规定》第四十三条规定，"评标报告由评标委员会全体成员签字。对评标结论持有异议的评标委员会成员可以书面方式阐述其不同意见和理由。评标委员会成员拒绝在评标报告上签字且不陈述其不同意见和理由的，视为同意评标结论。评标委员会应当对此作出书面说明并记录在案"，应视为同意评标结论。

4.4.4 立法建议

建议增加专家不按招标文件评标的处理机制，同时建议增加资格预审或评标后招标人复核评审报告环节，即发现评审报告有错误的，可以向监管部门提出投诉。投诉评标委员会成功的，监管部门允许重新组织评标委员会进行评标。另外，应明确评标专家管理惩戒主体，对评标专家管理增加明确的制度安排。

4.5　案例17．关于投标文件技术方案重大偏离的认定

4.5.1　案情描述

在某施工招标项目中，评标委员会中的招标人代表和专家 A 对某投标人所提技术方案是否属于重大偏离产生分歧。招标人代表认为，根据工程实际情况，投标人所提技术方案完全无法实现；专家 A 认为，按照招标文件技术要求，该投标人提出的技术方案是合理的，不存在重大偏差。

4.5.2　焦点问题

（1）技术方案"重大偏离"如何具体界定？

（2）招标人是否有权利按照自己对项目实际情况的了解发表意见以影响其余专家的判断？

4.5.3　法律分析

（1）相关规定对于投标文件重大偏离的界定较为明确。

《评标委员会和评标方法暂行规定》第二十五条规定，"下列情况属于重大偏差：（一）没有按照招标文件要求提供投标担保或者所提供的投标担保有瑕疵；（二）投标文件没有投标人授权代表签字和加盖公章；（三）投标文件载明的招标项目完成期限超过招标文件规定的期限；（四）明显不符合技术规格、技术标准的要求；（五）投标文件载明的货物包装方式、检验标准和方法等不符合招标文件的要求；（六）投标文件附有招标人不能接受的条件；（七）不符合招标文件中规定的其他实质性要求。投标文件有上述情形之一的，为未能对招标文件作出实质性响应，并按本规定第二十三条规定作否决投标处理。招标文件对重大偏差另有规定的，从其规定"。

依据上述规定，投标文件技术方案重大偏离应当是技术方案明显不符合技术

规格、技术标准的要求。在符合性检查环节中，评标委员会依据招标文件的规定，从投标文件的有效性、完整性和对招标文件的响应程度进行符合性审查，存在重大偏离的投标文件为无效标。技术方案的重大偏离实质是指技术方案的实质内容明显不满足招标文件的要求。评标委员会在评标过程中不得更改招标文件的内容，不得增减重大偏的事项，只能按照招标文件的内容进行评标。

对于技术方案的评定，可以根据投标文件中的技术偏差表与招标文件中的具体要求进行比对，具体评定办法可以借鉴《机电产品国际招标投标实施办法》第五十九条的规定，即"技术评议过程中，有下列情形之一者，应予否决投标:(一)投标文件不满足招标文件技术规格中加注星号("*")的重要条款（参数）要求，或加注星号("*")的重要条款（参数）无符合招标文件要求的技术资料支持的;(二)投标文件技术规格中一般参数超出允许偏离的最大范围或最多项数的;(三)投标文件技术规格中的响应与事实不符或虚假投标的;(四)投标人复制招标文件的技术规格相关部分内容作为其投标文件中一部分的;(五)存在招标文件中规定的否决投标的其他技术条款的"。

（2）招标人对评审活动进程是否有干预权应依据招标人在评标活动中的角色而定。

依据《招标投标法实施条例》的规定，评标委员会是评标活动的主体，招标人不应当干预评审活动的进程，因此评审活动开始之后，招标人对于相关评标事项不再享有决定权。

但如果招标人委派招标人代表进入评标委员会，作为评标委员会的成员，招标人代表有权利发表自己的意见。值得注意的是，评标的依据应当是招标投标文件以及相关的法律规定，招标文件没有规定的标准和方法不得作为评标的依据。本案中虽然招标人代表以自身对工程的了解判断投标人技术方案不符合条件，但是如果投标人的技术方案在形式及内容上满足招标文件要求，则说明是招标人在招标文件编制阶段工作不到位，不能在此阶段否定其他专家的意见。

5

异议

中 投 咨 询 有 限 公 司 & 北 京 市 君 都 律 师 事 务 所　编著

5.1 案例18 关于评标复议的处理与认定

5.1.1 案情描述

在某网络系统优化服务招标项目中，投标人A公司（第二中标候选人）在中标候选人公示环节向招标人提出异议，认为第一中标候选人B公司的服务水平和履约能力都显著弱于A公司，并提供了二者官方网站的宣传图片等作为证据，A公司同时要求招标人确认后者履约能力。

招标人提请原评标委员会进行复议。经复议，原评标委员会一致认为B公司递交的投标文件满足招标文件要求，原评审结论无误。

5.1.2 焦点问题

（1）在中标候选人公示环节，是否可以中标候选人服务水平和履约能力请求重新评审？

（2）A公司自行提供的官方网站的宣传图片等材料是否能够作为证据在复议时使用？本项目是否应当进行复议？

（3）什么情况下应进行评标复议？复议的界限是什么？

5.1.3 法律分析

（1）在中标候选人公示环节，中标候选人的经营、财务状况发生较大变化或者存在违法行为，招标人可以提请原评标委员会重新审查。

1）若B公司的投标文件有弄虚作假的情形，A公司可以提起异议，B公司的中标候选人资格应当取消。

根据《招标投标法》第三十三条规定，"投标人不得以低于成本的报价竞标，也不得以他人名义投标或者以其他方式弄虚作假，骗取中标"，以及第五十四条规定，"投标人以他人名义投标或者以其他方式弄虚作假，骗取中标的，中标无效，给招标人造成损失的，依法承担赔偿责任；构成犯罪的，依法追究刑事责任"，投标人弄虚作假骗取中标的，中标应为无效。

同时《招标投标法实施条例》第四十二条对弄虚作假、骗取中标的具体情形作出了规定，"使用通过受让或者租借等方式获取的资格、资质证书投标的，属于招标投标法第三十三条规定以他人名义投标。投标人有下列情形之一的，属于招标投标法第三十三条规定的以其他方式弄虚作假的行为：（一）使用伪造、变造的许可证件；（二）提供虚假的财务状况或者业绩；（三）提供虚假的项目负责人或者主要技术人员简历、劳动关系证明；（四）提供虚假的信用状况；（五）其他弄虚作假的行为"。

如果 A 公司提供的资料可以证明 B 公司投标文件存在法律规定的弄虚作假情形的，招标人应当接受异议，核实后取消 B 公司的中标候选人资格。

2）B 公司投标并无弄虚作假情形的，即便可以证明其服务水平和履约能力弱于 A 公司，也不应重新审查。

根据《招标投标法实施条例》第五十四条规定，"依法必须进行招标的项目，招标人应当自收到评标报告之日起 3 日内公示中标候选人，公示期不得少于 3 日。投标人或者其他利害关系人对依法必须进行招标的项目的评标结果有异议的，应当在中标候选人公示期间提出。招标人应当自收到异议之日起 3 日内作出答复；作出答复前，应当暂停招标投标活动"，投标人和利害关系人可以在中标候选人公示期间提出的异议是对评标结果的异议，应当向招标人提出。

根据前文分析，评审委员会是根据招标文件对投标文件进行形式审查，且服务水平和履约能力虽然通常是评标标准中的标准，但并非唯一标准。只要评标结果是遵守招标文件进行的评标，在没有法律规定的情形下，不应轻易推翻、重新审查。

3）如果 B 公司服务水平和履约能力显著弱于 A 公司是因为其经营、财务状况发生较大变化或者存在违法行为的，则招标人可以要求原评标委员会按照招标文件规定的标准和方法审查确认。

《招标投标法实施条例》第五十五条规定，"国有资金占控股或者主导地位的依法必须进行招标的项目，招标人应当确定排名第一的中标候选人为中标人。排名第一的中标候选人放弃中标、因不可抗力不能履行合同、不按照招标文件要求提交履约保证金，或者被查实存在影响中标结果的违法行为等情形，不符合中标条件的，招标人可以按照评标委员会提出的中标候选人名单排序依次确定其他中标候选人为中标人，也可以重新招标"；第五十六条规定，"中标候选人的经营、财务状况发生较大变化或者存在违法行为，招标人认为可能影响其履约能力的，应当在发出中标通知书前由原评标委员会按照招标文件规定的标准和方法审查确认"。

根据上述规定，如果 B 公司服务水平和履约能力显著弱于 A 公司是因为其经营、财务状况发生较大变化或者存在违法行为的，经招标人判断后，应当在发出中标通知书前由原评标委员会按照招标文件规定的标准和方法审查确认。

（2）官方网站的宣传图片等材料不能作为有效证据，本项目复议依据不足，评标委员会有权拒绝。

根据《招标投标法实施条例》第四十九条规定，"评标委员会成员应当依照招标投标法和本条例的规定，按照招标文件规定的评标标准和方法，客观、公正地对投标文件提出评审意见。招标文件没有规定的标准和方法不得作为评标的依据"，评标委员会的评标过程应当依据招标投标文件和相关法律规定进行评标，A 公司自行提交的官方网站宣传图片等材料不是招标投标文件中包含的内容，不属于评标委员会审查的范围，因此 A 公司提交的材料不能作为复议的证据，本项目也不应当进行复议。

评标委员会是一个独立的机构，独立地作出评标报告，不受其他任何人的干扰。因此，评标委员会在认为评标结果合法的情况下，可以拒绝招标人的复议请求。

（3）现行法律对复议没有明文规定，建议在评标环节出现错误的情况下采取复议措施，评标委员会在复议时不适用全面审查原则。

目前现行法律对复议没有明文规定，但如果确实发现评标过程存疑，不采取复议方式纠正或释疑，可能给招标活动留下隐患，或可能导致重新招标使得时效性受到影响。因此，建议在评标环节出现错误的情况下采取复议措施。

评标委员会在复议时应当只审查异议提及的内容，而不应当适用全面审查原则。在实务操作中，当涉及政府采购业务时，评标委员会复议时应采取全面审查原则。

5.1.4 立法建议

建议招标投标法增加评标委员会复议审理的内容、期限等相关法律规定。同时，建议招标投标法增加政府官方网站上具有法律效力的信息可以直接作为评标依据的规定。

5.2　案例19　关于投标报价超出工程预算能否终止招标的认定

5.2.1　案情描述

在某防腐保温工程维修施工招标项目中，招标人按照正常法定程序进行了开标、评标工作。后招标人认为，所有投标人的投标报价均超出当年本项目工程预算，继续执行将对项目后续造成影响，因此终止招标。

5.2.2　焦点问题

（1）什么情况下招标人可以终止招标？

（2）本案中招标人终止招标的理由是否合理？

（3）终止招标的合理程序与救济措施？

5.2.3　法律分析

（1）关于招标人终止招标的合理情形。

1)《招标投标法实施条例》规定的终止招标情形。

理论界通常认为，《招标投标法实施条例》第三十一条规定在明确招标人终止招标法律后果的同时，实质上赋予招标人在合理情形下终止招标的权利。尽管现行《招标投标法》《招标投标法实施条例》并未单独列明招标人终止招标的情形，但条例中多项条款涉及招标人重新招标的合理情形，其实质为终止已开启的招标程序。结合该条例中的相关规定，终止招标包括应当终止和可以终止两种类型：

①根据《招标投标法实施条例》第十九条第二款规定，"……通过资格预审的申请人少于3个的，应当重新招标"。

②招标文件内容违反法律行政法规的强制性规定、违反公平和诚信原则，影响投标人或潜在投标人的，应当重新招标。此种情形为《招标投标法实施条例》

第二十三条规定，"招标人编制的资格预审文件、招标文件的内容违反法律、行政法规的强制性规定，违反公开、公平、公正和诚实信用原则，影响资格预审结果或者潜在投标人投标的，依法必须进行招标的项目的招标人应当在修改资格预审文件或者招标文件后重新招标"，需要特别注意的是，对于必须招标项目，招标人需修改招标文件后重新招标。

③根据《招标投标法实施条例》第四十四条第二款规定，"招标投标人少于3个的，不得开标；招标人应当重新招标……"。

④根据《招标投标法实施条例》第八十一条规定，"依法必须进行招标的项目的招标投标活动违反招标投标法和本条例的规定，对中标结果造成实质性影响，且不能采取补救措施予以纠正的，招标、投标、中标无效，应当依法重新招标或者评标"，因违反《招标投标法》及其条例，招标、投标、中标无效的，同样属于应当终止招标的情形。

需要注意的是，该条对终止招标条件的规定，将终止招标情形与导致招标、投标、中标无效的情形相联系，一定程度上增加了应当终止招标的具体条件，需要在实践中结合项目招标投标情况进行判断。

⑤除上述应当终止招标的情形外，《招标投标法实施条例》第五十五条针对依法必须招标项目规定了可以终止招标的特定情形。根据该条规定，"国有资金占控股或者主导地位的依法必须进行招标的项目，招标人应当确定排名第一的中标候选人为中标人。排名第一的中标候选人放弃中标、因不可抗力不能履行合同、不按照招标文件要求提交履约保证金，或者被查实存在影响中标结果的违法行为等情形，不符合中标条件的。招标人可以按照评标委员会提出的中标候选人名单排序依次确定其他中标候选人为中标人，也可以重新招标"，故在必须招标项目中，出现该条规定情形的，招标人可以在终止招标和直接确定其他中标候选人的方案中选择其一。

2）其他相关法律法规规定的终止招标情形。

除《招标投标法实施条例》外，《评标委员会和评标方法暂行规定》第二十七条对终止招标的情形也有所规定，"评标委员会根据本规定第二十条、第二十一条、第二十二条、第二十三条、第二十五条的规定否决不合格投标后，因有效投标不足三个使得投标明显缺乏竞争的，评标委员会可以否决全部投标。投标人少于三个或者所有投标被否决的，招标人在分析招标失败的原因并采取相应措施后，应当依法重新招标"，因全部投标人投标被否决，或因否决投标导致投标人少于三人的，应当终止招标。

此外，根据《政府采购法实施条例》第七十一条第一款规定，"有政府采购法第七十一条、第七十二条规定的违法行为之一，影响或者可能影响中标、成交结果的，依照下列规定处理：（一）未确定中标或者成交供应商的，终止本次政府采购活动，重新开展政府采购活动……"，故政府采购项目存在违法行为影响中标结果的，应当终止采购活动。

（2）本案中招标人终止招标的理由是否充分需结合本项目性质予以分析。

本案中，招标人终止招标的理由为"所有投标人的投标报价均超出当年本项目工程预算"，但该种预算条件并未在招标文件中进行约定，招标文件中也未设置最高投标限价，笔者认为，招标人能否以此为由终止招标，需结合该项目的具体性质进行判断。

如确实招标文件中并未明确将该项目预算调减作为投标人投标报价应当遵守的参考条件之一，在招标人终止招标的具体理由与前文所列举的终止招标情形均不相符的情况下，其终止招标并无合理理由。

如该项目属于政府采购项目，由于财政预算属于该类项目重要资金来源，投标报价超出预算范围必然导致项目资金不足，根据《政府采购货物和服务招标投标管理办法》第二十九条规定，"采购人、采购代理机构在发布招标公告、资格预审公告或者发出投标邀请书后，除因重大变故采购任务取消情况外，不得擅自终止招标活动"，笔者认为，超出预算属于该条规定所称"重大变故"，足以导致采购任务取消，招标人在此情形下终止招标则具备合理理由。

（3）终止招标的合理程序及投标人的救济措施。

尽管笔者前文列举了多种招标人终止招标的具体情形，但招标人终止招标应当遵循审慎原则，并应履行通知义务，向投标人承担相应责任。

《招标投标法实施条例》第三十一条规定，"招标人终止招标的，应当及时发布公告，或者以书面形式通知被邀请的或者已经获取资格预审文件、招标文件的潜在投标人。已经发售资格预审文件、招标文件或者已经收取投标保证金的，招标人应当及时退还所收取的资格预审文件、招标文件的费用，以及所收取的投标保证金及银行同期存款利息"。

再根据《工程建设项目施工招标投标办法》第十五条第二款规定,"招标文件或者资格预审文件售出后,不予退还。除不可抗力原因外,招标人在发布招标公告、发出投标邀请书后或者售出招标文件或资格预审文件后不得终止招标",该办法第七十二条规定,"招标人在发布招标公告、发出投标邀请书或者售出招标文件或资格预审文件后终止招标的,应当及时退还所收取的资格预审文件、招标文件的费用,以及所收取的投标保证金及银行同期存款利息。给潜在投标人或者投标人造成损失的,应当赔偿损失'。

从上述规定来看,招标人终止招标的,应以发布公告,或者书面形式通知被邀请的或者已经获取资格预审文件、招标文件的潜在投标人。

在救济方面,除应退还投标人支付的资格预审文件、招标文件的费用,以及所收取的投标保证金及银行同期存款利息外,招标人应当向投标人、代理机构承担赔偿责任,并支付招标代理机构的代理费用。

除法律法规文件中规定的终止招标情形外,通常招标文件中也会对终止招标的条件有所约定,对此笔者提示应注意如下问题:

第一,明确终止招标的情形。由于评标委员会在评标过程中可能出现复杂多样的情形,因此应当在招标文件中约定终止招标的具体情形,同时建议设置兜底条款,以具体规定和概括约定相结合形式尽量涵盖可以终止招标的情形。第二,明确终止招标条款的实施时间。明确终止条款的实施时间可以防止该条款的滥用,保障招标程序顺利进行。第三,明确责任的承担。在产生争议时,便于分担各方责任,快速解决问题。

5.2.4 立法建议

目前《招标投标法》及《招标投标法实施条例》中均未规定招标人终止招标后是否应赔偿投标人的损失,仅有《工程建设项目施工招标投标办法》规定了损失赔偿责任,由于该办法层级效力及适用范围相对较窄,不利于投标人的利益保护,建议在法律层面增加相应责任。

5.3 案例 20 关于投标人中标异议的处理与认定

5.3.1 案情描述

在某化学品采购项目中，招标文件规定采用经评审的最低投标价法进行评标。成功递交投标文件的 5 家投标人均通过初步评审且均不存在价格调整情形，最终 A 公司以最低价中标。

中标候选人公示期内，B 公司提出异议，认为"A 公司涉嫌违反《招标投标法》第三十三条：投标人不得以低于成本的报价竞标"，同时提供了招标人要求的供货地周边几个化学品厂家的开标日当日报价（以微信聊天记录截屏形式提供）作为参考，试图证明 A 公司低于成本报价。

招标人在向 B 公司发出异议受理函后，要求 A 公司提供相关证明材料对其是否低于成本报价进行解释说明，A 公司从距供货地的运输距离、货物储存能力、具备全资运输公司和以往供货情况等几个方面进行了相应说明。招标人将此情况提交评标委员会进行复议，评标委员会经讨论认为，不宜认定 A 公司存在报价低于成本价的情形，维持原评标结论不变。招标人随后向 B 公司进行了回复。

B 公司对招标结果不予认可，多次发函声明将启动诉讼程序。招标人鉴于已对相关事项进行调查且已向 B 公司回复的实际情况，向 A 公司发出中标通知书。

5.3.2 焦点问题

（1）投标人是否有提出异议的权利？

（2）A 公司是否低于成本报价的举证责任由谁承担？ B 公司未提供有效证据前提下招标人是否可以不予受理其异议？

（3）A 公司是否低于成本报价的认定权归属于谁？

（4）投标人就同一投诉事项反复进行无效投诉，恶意骚扰招标人的情况如何处理？

5.3.3　法律分析

（1）投标人及其他利害关系人享有在合理阶段、合理期限内提出异议的权利。

1）招标投标法律本系明确了异议制度。

为更好地促进招标投标当事人之间的直接沟通与交流、维护投标人和其他利害关系人的合法权益和保障招标投标活动的公平与公正，《招标投标法》第六十五条明确规定，"投标人和其他利害关系人认为招标投标活动不符合本法有关规定的，有权向招标人提出异议或者依法向有关行政监督部门投诉"，该规定赋予了投标人和其他利害关系人在招标投标程序中提出异议的合法权利。

具体到提出异议的主体、阶段、事由及其程序，现行《招标投标法》《招标投标法实施条例》及其他招标投标行业规范共同构建了招标投标活动中的异议制度体系。

2）投标人和其他利害关系人均可以提出异议。

关于招标投标程序中的异议主体，前述《招标投标法》第六十五条规定明确为"投标人和其他利害关系人"，对于其中"投标人"，《招标投标法》第二十五条第一款定义为，"投标人是响应招标、参加投标竞争的法人或者其他组织"。

对于"其他利害关系人"，现行招标投标法律及行政法规并未予以解释，但结合《招标投标法实施条例》第二十二条规定，即"潜在投标人或者其他利害关系人对资格预审文件有异议的，应当在提交资格预审申请文件截止时间2日前提出；对招标文件有异议的，应当在投标截止时间10日前提出。招标人应当自收到异议之日起3日内作出答复；作出答复前，应当暂停招标投标活动"，可知，法律同样赋予潜在投标人异议的权利。参考全国人大法工委研究室编著的《中华人民共和国招标投标法释义》（以下简称《招标投标法释义》），❶其将"其他利害关系人"解释为："……主要是指有意参加投标竞争，但因招标人的违法行为（例如，招标人违反本法第6条的规定，限制、排斥本地区或本部门以外的供应商、承包商参加依法必须进行招标的项目的投标）而不能参加投标竞争，因而丧失可能取得中标利益的潜在投标人。至于与该项招标投标活动无直接利害关系的其他

---

❶　参见《招标投标法释义》，全国人大法工委研究室编著，人民法院出版社，1999年。

人，当然可以对招标投标中的违法行为进行揭发、检举，但不属于本条规定的提出异议或进行投诉的主体"，此处"其他利害关系人"指的是以潜在投标人为主的意欲参与投标活动的相关方。

3）投标人及其他利害关系人应在投标、开标和中标阶段的特定期限内提出异议。

关于提出异议的阶段，《招标投标法实施条例》第二十二条、四十四条、五十四条明确规定，资格预审阶段、投标阶段、开标和中标阶段均可以提出异议，其中开标阶段只有投标人可以在开标现场提出异议，其他三个阶段投标人和其他利害关系人均可以提出异议。

关于提出异议的时限，对资格预审文件及投标文件的异议，应当在该阶段截止时间前提出。根据《招标投标法实施条例》第二十二条规定，"潜在投标人或者其他利害关系人对资格预审文件有异议的，应当在提交资格预审申请文件截止时间2日前提出；对招标文件有异议的，应当在投标截止时间10日前提出……"，提出时限分别为截止时间前2日、10日；投标人对开标的异议，根据该条例第四十四条第三款，"投标人对开标有异议的，应当在开标现场提出，招标人应当当场作出答复，并制作记录"；最后，对评标结果的异议，根据该条例第五十四条第二款，"……投标人或者其他利害关系人对依法必须进行招标的项目的评标结果有异议的，应当在中标候选人公示期间提出……"。

本案中，B公司于评标后中标候选人公示期间提出异议，根据《招标投标法实施条例》第五十四条规定，"……投标人或者其他利害关系人对依法必须进行招标的项目的评标结果有异议的，应当在中标候选人公示期间提出。招标人应当自收到异议之日起3日内作出答复；作出答复前，应当暂停招标投标活动"，故投标人异议时限符合上述法律规定，招标人应在收到异议后3日内作出答复。

4）可以提出异议的事由是存在使异议人或投诉人的利益受到损害的招标投标中的违法行为。

由于提出异议或投诉的主体限于利害关系人，因此，提出异议或投诉的事由，应是使异议人或投诉人的利益受到损害的招标投标中的违法行为，包括招标人违反法律的规定，对投标人实行歧视待遇的行为，招标人与投标人之间或部分投标人之间相互进行串通投标的行为，招标人不按招标文件规定的评标标准确定中标人的行为，招标人违反开标、评标程序的行为等。

若基于投标人对中标候选人捕风捉影、肆意揣测，非因上述法定事由向招标人提出异议，则很有可能被招标人认定为恶意异议。

（2）异议人提出异议事项以具备明确请求或合理理由并完成初步举证为宜。

现行法律法规条文中并未对异议的举证责任进行明确，但参考《招标投标法实施条例》第六十条第一款规定，"投标人或者其他利害关系人认为招标投标活动不符合法律、行政法规规定的，可以自知道或者应当知道之日起 10 日内向有关行政监督部门投诉。投诉应当有明确的请求和必要的证明材料"，要求投诉人提供明确请求和必要证明材料，并基于一般"谁主张谁举证"、招标程序效率以及公平公正原则，笔者认为，异议人在提出异议时完成初步举证较为适宜，有利于招标人展开正确调查。

对于异议人举证程度的要求，考虑招标投标活动中涉及较多保密信息，及异议人调查取证能力有限的实际情形，故对其举证程度的要求应该限于其力所能及的范围，即只要异议人提供了来源合法的"证据线索"，便可由招标人或招标代理人受理后依授权并通过现有资料，及向被异议主体及相关异议事项的利害关系人调查取证的方式进一步查实异议的主张是否成立并予以回复。

本案例中，B 公司提供了招标人要求的供货地周边几个液氨厂家的开标当日报价（以 B 公司与他们的微信聊天记录截屏形式提供）作为参考，应视为已尽到初步举证责任。

（3）招标人就异议在固定期限内予以答复系其法定义务，不以异议是否合理或完成举证为前提。

就招标人是否有权不予受理异议人异议的问题，根据前述《招标投标法实施条例》第二十二条、四十四条、五十四条规定，若 B 公司未提供有效证据但其异议理由具备合理性，招标人对资格预审文件、招标文件、中标结果的异议，均应在 3 日内作出答复。对于开标的异议则应予以现场答复。故从相关规定的设置来看，无论异议人提出异议是否合理、完成初步举证，招标人均应在对应期限内予以答复。

实务中，存在投标人或潜在投标人恶意反复异议、投诉，阻碍招标投标活动进展的情况，针对明显不合常理或欠缺合理理由的异议事项，招标人可在答复中指出异议事项不能成立的理由，合理履行法定义务，维护招标投标程序的效率及公正。

（4）对投标报价是否低于成本的认定应由评标委员会作出。

本案中，B公司异议理由为A公司投标报价低于成本价，根据《招标投标法实施条例》第五十一条规定，此种情况下，评标委员会应当否决其投标。结合《评标委员会和评标方法暂行规定》第二十一条，"在评标过程中，评标委员会发现投标人的报价明显低于其他投标报价或者在设有标底时明显低于标底，使得其投标报价可能低于其个别成本的，应当要求该投标人作出书面说明并提供相关证明材料。投标人不能合理说明或者不能提供相关证明材料的，由评标委员会认定该投标人以低于成本报价竞标，应当否决其投标"，评标过程中应由评标委员会来认定投标报价是否低于成本。

本案中，B公司于中标候选人公示期间提出异议，参考前述规定，笔者认为应继续由评标委员会对投标报价是否低于成本予以认定，主要基于以下理由：

一是中标结果系由评标委员会作出，其对已评标的项目情况及中标候选人的选择标准、考量及过程都非常熟悉，由其对报价是否低于成本进行认定可以提高工作效率。

二是评标委员会由招标人或其委托的招标代理机构熟悉相关业务的代表，以及有关技术、经济等方面的专家组成，对认定报价是否低于成本的经验比较丰富且专业。

三是选定的评标专家应当认真、公正、诚实、廉洁地履行职责，如其存在违规行为将受相应处罚约束，由其进行认定可以在评价科学性、专业性基础上保证异议处理结果的公正性。

在本案中，招标代理机构收到异议书之后，可组织评标委员会对异议的理由进行分析，并将最终的分析结果告知招标代理机构，在3天之内回复B公司。

（5）对投标人或其他利害关系人反复无效投诉、恶意骚扰招标的行为，应区分是否构成恶意、虚假投诉，或非法干涉招标活动，分别应对处理。

本案中，招标人对B公司异议在3日内予以答复后，B公司又于中标结果公示时，要求招标代理机构重新启动调查，并提出将启动诉讼程序主张其权利。

鉴于招标人已履行异议答复的法定义务，根据《招标投标法实施条例》第六十条规定，"投标人或者其他利害关系人认为招标投标活动不符合法律、行政法规规定的，可以自知道或者应当知道之日起 10 日内向有关行政监督部门投诉。投诉应当有明确的请求和必要的证明材料"，招标人或招标代理机构可告知 B 公司，如其不服招标人答复的，有权向行政监督部门进行投诉。

根据《招标投标法实施条例》第六十一条❶和《政府采购质疑和投诉办法》第三十七条❷规定，如投诉人有捏造事实、提供虚假材料以及以非法手段取得证明材料行为之一的，属于虚假、恶意投诉，行政监督部门应当驳回其投诉，同时根据该条例第七十七条第一款，即"投标人或者其他利害关系人捏造事实、伪造材料或者以非法手段取得证明材料进行投诉，给他人造成损失的，依法承担赔偿责任"，如其造成他人损失的，还应承担相应赔偿责任。

对于招标人及招标代理机构而言，如投标人或其他利害关系人在投诉被驳回或监督部门已作出书面处理决定后仍持续投诉、影响招标程序的，招标人可告知其如不服行政监督部门处理决定的，可提起行政复议或行政诉讼，依法救济其权利。

如投标人或其他利害关系人的行为已构成《招标投标法》第六条所规定的"任何单位和个人不得违法限制或者排斥本地区、本系统以外的法人或者其他组织参加投标，不得以任何方式非法干涉招标投标活动"的情形，招标人或招标代理机构则可告知其行为已经扰乱正常招标投标程序，如造成他人损失的，有权要求投标人或其他利害关系人予以赔偿。

---

❶ 《招标投标法实施条例》第六十一条：投诉人就同一事项向两个以上有权受理的行政监督部门投诉的，由最先收到投诉的行政监督部门负责处理。

行政监督部门应当自收到投诉之日起 3 个工作日内决定是否受理投诉，并自受理投诉之日起 30 个工作日内作出书面处理决定；需要检验、检测、鉴定、专家评审的，所需时间不计算在内。

投诉人捏造事实、伪造材料或者以非法手段取得证明材料进行投诉的，行政监督部门应当予以驳回。

❷ 《政府采购质疑和投诉办法》第三十七条：投诉人在全国范围 12 个月内三次以上投诉查无实据的，由财政部门列入不良行为记录名单。

投诉人有下列行为之一的，属于虚假、恶意投诉，由财政部门列入不良行为记录名单，禁止其 1 至 3 年内参加政府采购活动：

（一）捏造事实；

（二）提供虚假材料；

（三）以非法手段取得证明材料。证据来源的合法性存在明显疑问，投诉人无法证明其取得方式合法的，视为以非法手段取得证明材料。

5.3.4　实务提示

从招标的效率性考虑，针对投标人提出的异议，招标人一般通过审查提出异议的主体身份是否适格、提出时间是否在规定时限内、异议请求是否明确以及所附的证据来源是否合法，在上述条件基础上对异议人的请求予以答复。鉴于招标人或招标代理人在招标活动中的调查权限及能力也有局限，在不具备调查条件，或异议人异议理由不具备合理性的情况下，招标人或招标代理机构可以选择仅通过形式审查作出答复，而不进行实体审查，并告知异议人有权通过投诉、行政复议、行政诉讼等方式进一步主张其异议事项。

如此，既可保障投标人及其他利害关系人的竞争权利，也可保证招标投标程序的推进效率。

5.4　案例 21　关于中标候选人超过三家的认定

5.4.1　案情描述

在某集装箱海运代理入围招标项目中，招标文件项目概况部分的描述为，"招标人以国内公开招标方式选择集装箱海运代理入围供应商，有效期为一年"；招标范围部分的描述为，"国内港口至全球各主要港口的集装箱海运代理入围供应商"；投标人须知前附表部分 10.7 条款的描述为，"投标人入围后向招标代理机构支付服务费 1000 元"。

本项目评标办法采用综合评估法，共有 11 家投标人成功递交投标文件，其中有 6 家投标人未通过初步评审。评标委员会按照招标文件规定的评标办法进行了详细评审后，按照综合得分由高到低排序共计推荐 5 家投标人作为本次招标项目的中标候选人。

5.4.2　焦点问题

（1）本项目评标委员会推荐 5 家中标候选人是否合法？

（2）招标文件要求入围后的投标人向招标代理机构支付服务费是否合法？

5.4.3　法律分析

（1）《招标投标法实施条例》对中标候选人人数已有明确规定，本案中推荐中标候选人数超出相应上限。

中标候选人是由评标委员会通过评标程序后向招标人推荐的合格投标人选，关于中标候选人的确定方法及人数，在现行《招标投标法》第四十条、五十七条，《招标投标法实施条例》第五十三至五十六条，《评标委员会和评标方法暂行规定》及《政府采购货物和服务招标投标管理办法》等法律文件中均有所涉及。

根据《招标投标法实施条例》第五十三条第一款，"评标完成后，评标委会应当向招标人提交书面评标报告和中标候选人名单。中标候选人应当不超过 3 个，并标明排序"；就依法必须招标项目，《评标委员会和评标方法暂行规定》第四十五条规定，"评标委员会推荐的中标候选人应当限定在一至三人，并标明排列顺序"，同样明确评标委员会推荐的中标候选人人数以三人为限。

本案项目采用公开招标模式，应当适用《招标投标法》及《招标投标法实施条例》相关规定。评标委员会最终推荐 5 家中标候选人，笔者认为，其做法已违反《招标投标法实施条例》关于"中标候选人应当不超过 3 个"的规定。另外，现有法律未对超过 3 个中标候选人如何处理进行规定，在此情形下，应由评标委员会重新按照排序推荐 3 名中标候选人，这样处理符合招标的效率性原则，同时保证招标程序的合规性。

（2）招标代理服务费的支付取决于招标人与招标代理机构的约定及投标人对招标文件的响应，通常并不违法。

关于招标代理服务费，目前《招标投标法》未对招标代理服务费进行规定，在《招标投标法实施条例》第十四条也仅仅只是提到"合同约定的收费标准应当符合国家有关规定"。参考推荐性行业标准《招标采购代理规范》ZBTB/T A01—2016，其中第 12.1.1 条将招标代理服务费定义为"招标代理服务费是指招标代理机构接受招标人委托，提供工程、货物、服务招标代理服务所收取的费用"。对招标代理服务费的构成及范围，又有第 12.1.4 条"招标代理服务费由常规招标代理服务费、增值招标代理服务费和招标代理额外服务费三部分组成"。此外，第12.1.5 条规定，"招标代理机构为完成招标代理服务工作中，依据有关政府部门针对项目本身的有关规定所需要缴纳的费用，原则上应由招标人负责承担"。

上述规范同样并未明确规定由招标人还是中标人支付招标代理服务费，但通常招标代理委托合同系招标人与招标代理机构签订，根据《合同法》第三百九十八条规定，"委托人应当预付处理委托事务的费用。受托人为处理委托事务垫付的必要费用，委托人应当偿还该费用及其利息"，由招标人支付招标代理费用符合合同相对性原则。

在实务中，一些招标文件中约定由中标人支付招标代理费用的情况并不鲜见，在投标人已按照招标文件要求进行实质性响应、递交投标文件，并交纳招标代理服务费的，可以视为中标人通过其对招标文件实质性条件的响应，同意代为履行支付招标代理服务费。

　　需要注意的是，如果招标文件规定入围后的每个投标人都支付招标代理服务费，最终中标人只有一家的情况下，对未中标的投标人而言存在一定不公。因此，从确保招标工作的公平公正原则出发，实务中招标人可考虑在招标文件中约定由最终中标人承担招标代理服务费，投标人在投标文件中则可将招标代理费用列入报价，并列入与招标人最终签订的合同内容中。

6

最 新 招 标 投 标 疑 难 案 例 与 法 律 实 务

电子招标投标

中 投 咨 询 有 限 公 司 & 北 京 市 君 都 律 师 事 务 所　编著

6.1 案例 22 关于电子招标投标中投标文件无法解密时责任归属的认定

6.1.1 案情描述

某电子招标项目，招标文件对相关加密及解密操作规定如下：

（1）投标人完成 CA 绑定后，将编制的投标文件通过投标文件客户端进行签章和评标条款关联（投标文件中无相关内容的评标条款项可关联到任意页），生成加密的投标文件和密码串文件（密码串文件由投标人自行保管，用于 CA 介质损坏等紧急情况下的"其他方式解密"），在投标截止时间前通过电子采购平台上传递交加密的电子投标文件，递交成功后方能下载回执。

（2）开标后，投标人通过电子采购平台对已递交的电子投标文件进行解密，解密时间：45 分钟（注意：解密时需使用 CA，未在 45 分钟内完成解密的，其投标文件无效）。

（3）解密完成后，投标人在平台下发的开标记录上使用 CA 进行确认，确认时间为 10 分钟，10 分钟后，系统默认投标人已确认。

（4）投标人确认完成后，监标人在开标记录上使用 CA 进行确认，开标结束。

项目开标当日，投标人 A 公司在规定的 45 分钟内一直未能成功解密。其间，A 公司多次与招标代理机构沟通解密事宜，但双方用尽各种可能手段后仍不能成功。开标结束后，A 公司发来函件要求宣布开标无效并同时要求招标人重新接受其投标。

6.1.2 焦点问题

（1）A 公司解密失败的不利后果应当由谁来承担？

（2）招标人是否可以通过其他技术手段在得到 A 公司授权后将其之前已经成功递交的投标文件打开并视为其解密成功？

（3）本案如何处理较为合适？

6.1.3　法律分析

（1）解密失败后果承担应分情况讨论。

1）电子招标投标活动应以《电子招标投标办法》为规范性依据。

利用计算机和网络技术构建电子招标采购平台已成为现阶段的主要方式之一，电子招标投标是指以数据电文形式，依托电子招标投标系统完成的全部或者部分招标投标交易活动。

为了提高投标文件的安全性和保密性，在投标过程中要求投标人对投标文件进行加密较为常见，但是由于电子招标投标平台的建设标准化程度不够、监管机构的监督要求不一致、软件技术水平参差不齐等原因，实践中出现了众多无法解密等解密失败的情形，从而可能对招标投标工作造成影响。目前对投标文件加密和解密作出规定的法律文件主要是八部委2013年公布实施的《电子招标投标办法》（国家发展和改革委员会、工业和信息化部、监察部、住房和城乡建设部、交通运输部、铁道部、水利部、商务部令第20号），本案例分析以该办法为准。

2）解密失败后果的承担应区分因投标人原因和因投标人之外的原因两种情形。

结合《电子招标投标办法》第三十一条规定可知，"因投标人原因造成投标文件未解密的，视为撤销其投标文件；因投标人之外的原因造成投标文件未解密的，视为撤回其投标文件，投标人有权要求责任方赔偿因此遭受的直接损失。部分投标文件未解密的，其他投标文件的开标可以继续进行。招标人可以在招标文件中明确投标文件解密失败的补救方案，投标文件应按照招标文件的要求作出响应"，未能成功解密的原因应分为因投标人原因和因投标人之外原因两种。

其中，因投标人原因的情形通常包括：投标人忘记解密密码、投标人未按招标文件要求进行加密、未能成功解密的投标人在开标期间一直不主动联系招标代理机构或招标代理机构无法通过注册时所留电话/手机联系上投标人、投标人拒绝实施补救方案等情形。

因投标人之外的原因的情形则包括：电子招标交易平台故障、网络阻塞等情形。由于未能成功解密的原因不一样，需要承担的责任主体也不一致。

结合前述规定，因投标人原因未能解密的视为撤销其投标文件，响应后果最终由投标人自行承担，包括无法参与后续投标及因撤销投标文件可能被没收保证金等。

非因投标人原因未能解密的，投标人有权要求责任方赔偿其因此造成的直接损失。需要注意的是，根据《电子招标投标办法》，赔偿主体为责任人，故系非投标人原因导致解密失败的情况下，投标人可据此向实际责任人主张损失赔偿。该种损失赔偿被《电子招标投标办法》限定为直接损失，电子招标活动中投标人直接损失通常是投标人准备投标过程中所产生的费用，包括支付给制作投标文件人员的费用、购买招标文件的费用、投标保证金、招标代理服务费等在投标过程中因实际支出产生的损失。预期利益的损失则已被该办法排除在外。

（2）解密失败后，不宜采用特殊技术手段取得已解密失败的投标文件。

根据《电子招标投标办法》第三十条规定，招标人和投标人需要按招标文件规定方式按时在线解密，同时该办法第三十一条明确，"部分投标文件未解密的，其他投标文件的开标可以继续进行"，因此，部分投标人文件解密失败并不影响整个项目的开标程序。如果招标文件中未规定可允许招标人对解密失败文件经授权再次采取特殊技术手段予以解密的，笔者认为在《电子招标投标办法》已经明确规定解密失败的救济路径的情况下，从维护其他投标人公平利益、保证项目整体招标程序合规性及效率性的角度，不宜允许招标人对部分投标人的特殊对待。

本案中，招标文件中约定了两种解密方式，分别为利用 CA 证书解密和 CA 介质损坏等紧急情况下通过密码串解密，并未约定采用其他特殊技术手段进行解密，因此，使用特殊技术手段获得的文件不宜作为投标文件提交给评标委员会。

（3）对本案的处理建议。

本案中，A 公司多次与招标代理机构沟通解密事宜，但双方用尽各种可能手段后仍不能成功，且整个过程中仅有 A 公司一家出现问题，在无其他证据证明系电子招标系统导致解密失败的情况下，笔者认为该种解密失败有可能是投标人提交的投标文件在加密的过程中出现了相应问题，根据《电子招标投标办法》的第三十一条规定，由投标人承担相应后果较为适宜。

6.1.4 实务提示

尽管实践证明解密失败是小概率事件，为了防范电子投标文件解密不成功带来的效率损失和法律风险，从技术上而言，应选用合适的解密方法，全面应用杀毒和反间谍软件工具，加强物理隔离、技术防范等措施。

招标人应当预先考虑到解密失败情形发生时的各种处理方法和预防措施，消除招标投标活动当事人使用电子招标投标系统的疑惑和顾虑。建议招标人事前在招标文件中规定解密失败补救方案，如允许光盘输入或者调取公共服务平台备份的报价文件或纸质投标文件进行补录，这也符合《电子招标投标办法》第三十一条规定的立法精神。

此外，从确保电子招标投标效率的角度，建议简化解密判定规则。例如，可仅从形式上进行判断和认定，凡在当众公示的开标一览表中不显示、显示为空白或乱码的投标，一律可判定为解密失败，事后再依次查明原因。对于解密不成功的，建议以退还投标保证金为宜。

6.1.5　立法建议

现有法律对电子招标投标活动中的相关程序及责任尚未明确规定，目前对应电子招标投标活动仅有《电子招标投标办法》一部上位法作为依据，相关立法有所欠缺。建议在相应法律及行政法规中，增加电子招标投标解密技术规则及准则、解密失败情形的认定标准及责任承担等相关规定。

6.2 案例23 关于电子招标投标评标阶段投标文件损坏的认定

6.2.1 案情描述

在某电子招标项目中，开标阶段各投标人均成功对投标文件进行了解密操作。

评标过程中，评标委员会成员将投标人A公司的投标文件下载之后，发现该公司提交的商务文件无法正常读取，技术文件和价格文件未出现异常。

评标委员会一致认为，虽然A公司商务投标文件部分内容信息损坏，但从残存的文件中仍可以看到招标文件中要求的资质文件和相关业绩证明材料等，故认定A公司通过初步评审。

6.2.2 焦点问题

（1）A公司的投标是否有效？

（2）A公司商务投标文件中仍可显示的内容能否作为评审对象？本案中评标委员会的做法是否合法？

6.2.3 法律分析

（1）本案中A公司投标行为有效。

结合《招标投标法》第三章以及《招标投标法实施条例》第三章相关规定，投标是否有效应结合以下因素进行综合判断：

1）投标人具备承担招标项目的能力甚至资格；

2）投标人按照招标文件的要求编制投标文件；

3）投标人按照招标文件要求在提交投标文件截止时间前将文件送至投标地点；

4）投标人未出现串通投标、低于成本报价竞标和弄虚作假等违反法律规定和招标文件的情形，也未损害国家利益、社会公共利益或者他人的合法权益。

另外，根据《电子招标投标办法》第四章内容，投标人还应在资格预审公告、招标公告或者投标邀请书载明的电子招标投标交易平台注册登记，如实递交有关信息，并经电子招标投标交易平台运营机构验证。

本案中，A公司投标最终通过初步评审，表明其投标符合上述法律规定和招标文件要求，故A公司的投标有效。

（2）如残存的商务文件能够体现对招标文件的实质性响应、符合评标办法，评标委员会仍可予以接收。

根据《电子招标投标办法》第二十九至三十一条规定，被评标委员会接收的投标文件至少应符合以下条件：

1）开标时，招标人和投标人已按招标文件规定按时在线解密，并在解密全部完成后，向所有投标人公布投标人名称、投标价格和招标文件规定的其他内容；

2）开标时出现部分投标文件未解密的情形时，其他能解密的投标文件不受影响；

3）此情形下，若采取了招标文件中所规定的投标文件解密失败情况下的补救方案，该投标文件也应被接受。

本案中，因开标时投标文件已全部解密且不存在异常，且经评标委员会审查认为满足招标文件的要求，故评标委员会可予以接收。

（3）残存的商务投标文件能否作为评审对象应取决于相应文件能否实现对招标文件的实质性响应，评标委员会应严格按照评标办法进行评分。

根据《招标投标法》第四十条规定，评标委员会应当按照招标文件确定的评标标准和方法，对投标文件进行评审和比较。根据该法第十九条规定，招标文件应当包括招标项目的技术要求、对投标人资格审查的标准、投标报价要求和评标标准等所有实质性要求和条件以及拟签订合同的主要条款。

本案中，评审委员会认为从残存的文件中仍可以看到招标文件中要求的资质文件和相关业绩证明材料等，属于对招标文件提出的实质性要求作出了响应，接收了部分内容损坏的商务文件，因此，残存的商务投标文件的内容可以列为评审对象。

6.2.4　实务提示

实践中，为避免此类问题的出现，可以通过由招标人在招标文件中明确相应的处理方式或者事先约定在评标阶段解密失败的补救方案的方法进行解决。

在评标过程中，评标委员会对法律明确规定的实质性响应很容易作出认定，但若为需要由评标委员会或者招标人主观判定是否属于实质性响应的情形，则需要进一步地在相关法规中予以明确。

6.3　案例24　关于项目财务指标超过项目实际需要是否构成排斥潜在投标人的认定

6.3.1　案情描述

在某房屋改造工程设备招标项目中，设备采购预算价150万元，招标文件在资格条件设置时，要求投标人注册资金不低于5000万元，最终参与投标的供应商不足三家，本项目第一次招标失败。

二次公告期间，有潜在投标人提出，本项目所招设备属于通用小型设备且业内供货厂家多为小规模企业，无法满足高达5000万元注册资金的标准，招标文件注册资金项资格条件设置过高。

针对上述问题，有观点认为，提高注册资金标准可以排除小规模企业投标，减少供货质量差、信誉差的风险，故应当维持原招标文件资格条件不变；还有观点认为，上述做法有排斥潜在投标人的嫌疑。

6.3.2　焦点问题

（1）资格条件设置中注册资金远大于采购标的预算，是否属于以不合理条件限制或排斥潜在投标人？

（2）招标文件中是否宜将注册资金作为资格条件的限制项？

6.3.3　法律分析

（1）我国法律明文规定禁止以不合理条件限制、排斥潜在投标人或者投标人。

在本案例中，因招标文件中设立了过高的注册资本金要求而导致招标失败，在一定程度上限制了潜在投标人的进入。我国法律明确规定了禁止以不合理条件限制、排斥潜在投标人或者投标人，如《招标投标法》第十八条规定，"投标人不得以不合理的条件限制或者排斥潜在投标人，不得对潜在投标人实行歧视待遇"。

针对何种行为属于"限制、排斥投标"的违法行为，《招标投标法实施条例》第三十二条作出了规定，包括如下情形："（一）就同一招标项目向潜在投标人或者投标人提供有差别的项目信息；（二）设定的资格、技术、商务条件与招标项目的具体特点和实际需要不相适应或者与合同履行无关；（三）依法必须进行招标的项目以特定行政区域或者特定行业的业绩、奖项作为加分条件或者中标条件；（四）对潜在投标人或者投标人采取不同的资格审查或者评标标准；（五）限定或者指定特定的专利、商标、品牌、原产地或者供应商；（六）依法必须进行招标的项目非法限定潜在投标人或者投标人的所有制形式或者组织形式；（七）以其他不合理条件限制、排斥潜在投标人或者投标人。"

前述规定仅对常见情形进行了列举，而实践中则存在更多的表现形式。不同的项目对注册资本金的要求也不尽相同，设置一定的注册资本金要求是否属于前述相关法律法规中禁止的情形，还应具体问题具体分析。本案情形更符合《招标投标法实施条例》第三十二条第（二）项的情形。

（2）资格条件设置中注册资金远大于采购标的预算，属于以不合理条件限制或排斥潜在投标人。

关于本案所涉情形是否构成以不合理条件限制或排斥潜在投标人的问题，可以参照2019年国家发展和改革委员会等八部委联合发布的《工程项目招标投标领域营商环境专项整治工作方案》的规定。该方案细化整理了18条具体清理整治事项，其中，第3项明确规定"设置超过项目实际需要的企业注册资本、资产总额、净资产规模、营业收入、利润、授信额度等财务指标"属于针对企业设置的各类不合理限制和堡垒的行为之一。

本案中项目所招设备属于通用小型设备且业内供货厂家多为小规模企业设备，采购预算价为150万元，根据上述规定，对企业注册资金要求明显高于采购项目实际需要，显然是将部分实际具有供货能力企业从不适当的角度排除，不符合招标投标充分竞争的原则以及相关法律要求。

（3）设置过高的注册资金限定门槛，不利于行业发展。

就行业发展角度而言，限定过高注册资金门槛，可能扰乱市场秩序。对中小企业而言，招标投标领域对其资格的限定，会导致其市场空间压缩，最终容易导致降低产品质量以抬高利润等行为，引发市场恶性竞争；对大型企业来说，也容易因为缺乏足够的竞争，整体供货价格难以压减，导致降低进一步研发动力。

因此，招标投标领域不合理的限定，不利于市场在自由竞争的角度下发挥企业最大价值。

（4）不鼓励在招标文件中将注册资金作为资格条件的限制项。

从实务角度出发，注册资金确实能在一定程度上反映企业的规模及整体实力，尤其对一些需要大规模投资的项目而言，资本金可作为项目实施的资金保障之一，对一些投资规模较大的总承包、施工等需要企业对资金短缺风险有较大承担能力的项目，可以考虑设置适当的注册资金门槛，以抵御市场变化带来的资金风险。

此外，招标人还是应该将更多的精力集中于对投标人技术能力的审查。随着市场的不断改革、科技的更新变化，以及注册资金由实缴制改为认缴制等政策变化，将实际注册资金作为企业实力的丈量依据逐渐淡化。若盲目从注册资金方面进行资格条件限制，将容易引发限定竞争、流标等不良情形，从而导致招标效率降低。另外，以高新、科技类等初创企业为例，企业注册资本、资产总额、净资产规模、营业收入、利润、授信额度等财务指标并不当然可以代表企业产品的创新程度。

6.3.4 实务提示

企业在招标活动中，应当合理地设置资格的限制条件，对于注册资金等事项不应当设置过高的限制，而应当更多关注投标方技术方案的审查。除此之外，在制作招标文件过程中，应格外关注相关的法律法规以及规范性文件，保证招标文件的内容合法有效，不影响招标程序的顺利进展，从而节约招标的成本，加快项目建设的进度。

6.4 案例 25   关于 IT 采购项目能否指定品牌的认定

6.4.1 案情描述

在某计算机软件采购项目中，招标人通过市场咨询了解到仅有一家品牌商拥有适用于现有计算机系统的软件，遂招标文件在资格条件中基于该品牌进行了限定。

招标公告发布后，潜在投标人质疑该项目招标文件指定唯一品牌，不符合法律规定，要求招标人更改招标文件。

对于这一做法，有观点认为，应将招标文件中指定品牌字样删除，但在技术要求中可按照该品牌软件产品参数进行相应限定，这样即可妥善解决质疑；另一观点认为，上述做法是变相指定唯一品牌，实际上仍然不妥。

6.4.2 焦点问题

（1）对于非依法必须招标的 IT 类项目，在考虑到设备统一管理及应用的连续性上，能否指定品牌？

（2）如何妥善处理 IT 类项目需要指定品牌的情况？

6.4.3 法律分析

（1）即便是非依法必须招标的项目，仍然不能指定品牌。

招标投标的基本原则是公开透明、公平竞争，应该允许符合采购需求的所有供应商均能参与竞争，只有这样，才能通过广泛而充分的竞争使招标人采购到最符合需求且价格合理的货物和服务。如招标人在招标文件中指定了某个或某些产品或服务的品牌，则必然会限制其他品牌参与此次采购活动，难以实现各品牌的公平竞争，既损害了供应商的权益，也会导致采购活动难以达到最佳效果。根据我国《招标投标法实施条例》第三十二条第（五）项规定，"限定或者指定特定的专利、商标、品牌、原产地或者供应商属于以不合理条件限制潜在投标人"，而本条并未限定在依法必须招标的项目，因此本案适用第三十二条的规定，指定品牌的行为违反了前述规定。

（2）不建议在招标采购中对品牌做限定，推荐从项目实际需求角度考虑变更采购方式。

笔者认为，本案中删去指定品牌字眼的做法并不可取，仍然涉嫌变相指定唯一品牌。实际上即便确有翔实理由可以细化特定产品参数并将其作为技术要求写入招标文件，也应从不突破法律红线角度考虑。具体事务中，针对特定项目、特定设备的采购，可考虑通过内部单一来源采购方式选择合适品牌，这样既可避免法律风险，又可采购到适合本单位实际需求的软件。

从实务角度看，IT类招标指定品牌屡见不鲜，终其原因，除本案所阐明的只有单项品牌能满足要求的原因外，还有供应商的延续性、不同供应商的设备管理不便、系统兼容及整合困难等。多数企业考虑到规避巡视、审计等风险，不愿选用询价、单一来源等非招标方式。建议按照实际情况，采取与项目需要相适宜的采购方式。

6.4.4　立法建议

建议在拟修订的新招标投标法中充分考虑上述问题，明确非依法必须招标项目选择招标方式进行采购时，给予相应法律制度支撑。

6.5 案例 26 关于同品牌生产商和代理商同时参加投标的认定

6.5.1 案情描述

某计算机采购项目采用公开招标方式，A、B、C 三家公司参与了该项目投标。经初步评审，发现 A 公司与 B 公司分别是同一品牌同一型号计算机的生产厂家和代理商。

评标专家对 A、B 两家公司是否进入下一评审环节产生争议。部分专家认为，招标文件没有明文限制同一品牌同一型号生产厂家和代理商不能同时参与本标段投标，A、B 两家公司并未违反相关规定，可以进入下阶段评审；部分专家认为，A、B 公司为同一品牌同一型号生产厂家和代理商，两者之间难免存在利害关系，容易有串标嫌疑，为保证招标活动的公平、公正，应予否决两家单位投标。

6.5.2 焦点问题

同一品牌同一型号的生产商和代理商能否参加同一个项目的投标？

6.5.3 法律分析

（1）在招标文件没有约定的情况下，同一品牌同一型号生产商和代理商可以参加同一个项目的投标。

目前我国的招标投标法律体系中对本案的情形并无明确限制性规定。此外，《财政部办公厅关于多家代理商代理一家制造商的产品参加投标如何计算供应商家数的复函》（财办库〔2003〕38 号）中载明，"政府采购的竞争是指符合采购人采购需求的不同品牌或者不同生产制造商之间的竞争，原则上同一品牌同一型号产品只能有 1 家投标人，但应当在招标文件中对此作出明确规定"，从该答复中可看出，即便要求同一品牌同一型号产品只能有 1 家投标人，也应当在招标文件中作出明确规定。

（2）不能仅因关联性就随意认定投标人具有串标嫌疑。

对于部分专家意见中由于两家关联性可能带来的串标风险，笔者认为，两家单位作为同一品牌同一型号生产商和代理商，其利害关系难有界定，在没有实质性证据的情况下，不能随意认定其有串标嫌疑，因此也不直接适用《招标投标法实施条例》第三十九条 ❶ 中关于串通投标的相关规定。

综上分析，在招标文件没有约定的情况下，同一品牌同一型号生产商和代理商可以参加同一个项目的投标。

6.5.4 实务提示

采购项目中，在招标文件没有约定的情况下，同一品牌同一型号生产商和代理商可以参加同一个项目的投标。在采购项目中，为避免生产商和代理商之间可能串标行为的发生，需要在采购文件中明确说明。在制作招标文件中，应当根据《招标投标法》等相关规定，细化招标文件的内容，尽可能避免每一处潜在风险。

---

❶ 《招标投标法实施条例》第三十九条：禁止投标人相互串通投标。有下列情形之一的，属于投标人相互串通投标：

（一）投标人之间协商投标报价等投标文件的实质性内容；

（二）投标人之间约定中标人；

（三）投标人之间约定部分投标人放弃投标或者中标；

（四）属于同一集团、协会、商会等组织成员的投标人按照该组织要求协同投标；

（五）投标人之间为谋取中标或者排斥特定投标人而采取的其他联合行动。

6.6 案例 27 关于投标文件中业绩证明与招标文件要求不一致的认定

6.6.1 案情描述

某物业服务招标项目，招标文件资格要求对投标人业绩作出限定：投标人近三年在国内承担过单项 10000m^2 及以上的建筑面积的服务项目，在投标文件格式中有一栏要求投标人填写服务过的建筑面积，并要求提供合同首页、签字页及服务范围页作为证明材料。

评标过程中，评标委员会发现部分投标文件中，表格填写中显示的服务面积符合招标文件要求，但是从其提供的合同证明材料中，找不到关于服务面积的约定事项。

根据招标文件中将合同作为证明材料的要求，是否应否决上述投标人，评标委员会内部产生了争议。

6.6.2 焦点问题

在招标文件要求投标人提供合同证明材料的情况下，投标人的证明材料无法完全显示招标文件资格条件的要求，但投标文件本身对该条进行了响应，对投标人是否应予否决？

6.6.3 法律分析

投标人证明材料未实质性响应招标文件资格要求的条件，构成重大偏差，应对其投标文件作否决投标处理。

本案中，投标人虽然对招标文件中的业绩要求进行响应，但其并未完全按照招标文件的要求提供相应的证明材料，其投标文件不完整，存在投标偏差。要分析此处投标偏差对投标人的影响，必须对偏差是属于重大偏差还是细微偏差进行认定。

依照《评标委员会和评标方法暂行规定》第二十五条与二十六条的规定，认定为重大偏差的情形共七种，分别是"（一）没有按照招标文件要求提供投标担保或者所提供的投标担保有瑕疵；（二）投标文件没有投标人授权代表签字和加盖公章；（三）投标文件载明的招标项目完成期限超过招标文件规定的期限；（四）明显不符合技术规格、技术标准的要求；（五）投标文件载明的货物包装方式、检验标准和方法等不符合招标文件的要求；（六）投标文件附有招标人不能接受的条件；（七）不符合招标文件中规定的其他实质性要求"。投标文件存在重大偏差应作否决投标处理。而细微偏差指的是"投标文件在实质上响应招标文件要求，但在个别地方存在漏项或者提供了不完整的技术信息和数据等情况，并且补正这些遗漏或者不完整不会对其他投标人造成不公平的结果"。

在细微偏差下，投标人可以在评标委员会的要求下对偏差进行补正。重大偏差和细微偏差最大的差异为投标文件是否在实质上响应了招标文件的要求。本案中，招标文件中已经明确要求投标人提供合同首页、签字页及服务范围页作为证明材料，而投标文件所附证明材料未能证明投标人业绩符合招标要求，笔者认为已经构成重大偏差项下（七）中所规定的"招标文件中规定的其他实质性要求"，在此情况下，投标文件中缺少相应证明材料可能导致投标被否决。

需要说明的是，若投标文件中存在其他材料可以间接证明投标人的上述业绩，则该偏差存在被认定为细微偏差的可能性。例如，若投标人在文件中表明其业绩包含某知名工程，而该工程必然满足招标文件的相关要求，则可以认定该工程业绩实质性响应招标文件，应依照细微偏差规定要求投标人进行补正，而不应否决投标资格。

6.6.4 实务提示

实务操作中，类似本案的例子有很多，通常情况下，在招标文件未作明确要求的情况下，投标文件是否实质性响应招标文件，其内容上的缺失构成重大偏差还是细微偏差等都需要由评标委员会进行认定，存在一定不确定性。为了避免不必要的麻烦，招标人在制定招标文件时，可以直接明确当某些要求未能在投标文件中获得响应时即构成重大偏差。而就投标人而言，在制定投标文件时，对招标人的要求应谨慎对待，力求投标文件实质性响应招标文件中的每一项要求。

6.7　案例 28　关于进口零部件国内组装企业属性问题的案例

6.7.1　案情描述

某港口进口设备招标项目，招标文件资格要求对投标人业绩作出限定：投标人为制造商或代理商，若为代理商，需提供制造商出具的授权书。

超过三家公司参与了该项目投标，其中 A 公司为 B 外资企业在国内设立的子公司，负责 B 公司该类设备的组装及整机销售业务。A 公司的业务模式为从 B 外资企业进口主要部件后在国内进行组装销售。基于上述情况，A 公司未提供 B 外资企业出具的授权书。

评标委员会对 A 公司就该项目所需采购设备的属性产生了疑问，A 公司应属于 B 外资企业在国内的代理商，还是属于制造商？

6.7.2　焦点问题

海外公司在国内注册的负责部件组装、销售的公司属于制造商还是代理商？

6.7.3　法律分析

本案中海外公司在国内注册的负责部件组装、销售的公司不应认定为制造商，就其是否为代理商需要结合授权进行判断。

本案问题的焦点其实是全球企业活动专业化趋势凸显下的 OEM（原始设备制造商）价值链分工的问题。现阶段法律、法规中对制造商和代理商并未给出明确的定义，在学界也未发现较为权威的解释，故试图从二者定义上的差异入手对本案中的 A 公司性质进行界定难度较大，也难以让人信服。那么是否可以将 A 公司工作内容特点作为切入点进行分析呢？

通常情况下，制造商得以自行销售其产品自不待言，而代理商也可凭借其授权开展相关产品的销售活动，故是否具有"销售"的权利并不构成区分二者的理由。而对于"组装"，虽然"组装"可以被涵盖于广义上"制造"的范畴，但是否可以因对上游厂商提供的材料进行了组装而当然获得制造商的身份还需要综合考察，判断的关键在于产品上是否凝结了组装厂商的智力成果及知识产权。如果仅是依照品牌制造商的设计对部件进行简单的组装，且该组装流程具有可替代性，即品牌制造商可以用很小的成本更换组装厂商（例如使用人工流水线组装的厂商），则该组装厂商在性质上将很难被认定为是制造商。

从另外一个角度也能印证上述结论。如果产品的研发销售均由品牌制造商进行，供应链的两端也是由品牌制造商控制，那么在产品组装过程中不具有知识产权、也不具有销售权限的代工工厂不能作为招标投标环节中的制造商。而上文中负责对部件进行组装的厂商与本处的代工工厂相比仅增加了销售方面的授权，因为获得销售授权而取得制造商的身份难谓合理。

当然，如果此处产品部件的组装需要使用到组装厂商自身所拥有的相关技术，且具有不可替代性或替代耗费成本巨大，则该组装厂商存在被认定为制造商的可能性。

在本案中，投标人 A 公司为品牌制造商的子公司，若其已经从品牌制造商处继承了相关产品的技术使用权及销售权，有能力对从 B 公司进口的部件进行深度加工整合，则可以认定其为该产品的制造商。

6.7.4　实务提示

公司在进行招标活动的过程中，招标文件应当详细准确，以便于评审委员会进行评标。对于海外公司在国内注册的负责其产品加工、销售的公司，招标人也应当要求其提供相应的授权文件，防止因其特殊背景而产生的法律风险。对于制造商和代理商的界定依据，可以在招标文件中具体说明，方便评审委员会评审活动的顺利进行，从而得到更加符合招标文件要求的评标结果。

6.8 案例 29 关于电子招标投标多名投标人将投标保证金汇至一个虚拟账户的认定

6.8.1 案情描述

某公开招标项目采用电子招标投标方式进行，招标文件规定每家投标人在提交投标保证金时，应按照电子采购平台为其设置的唯一投标保证金接收账号（以下简称"虚拟账户"）进行汇款。评标阶段，评标专家对投标单位的保证金缴纳情况进行核查，发现 A 公司的投标保证金汇到 B 公司的虚拟账户，即 B 公司虚拟账户汇入两笔保证金。

基于每家投标单位虚拟账户独有且保密，评标委员会认为 A、B 公司有串标嫌疑，否决两家单位投标。

B 公司在中标候选人公示期间发来异议，认为本项目采用最低价法，自己报价最低，询问招标人未能中标的原因。

6.8.2 焦点问题

（1）电子招标投标适用法律依据为何？

（2）电子招标投标中两家投标人投标保证金汇至一个虚拟账户是否应否决投标？如果否决，应否决汇款错误的一家还是基于串标嫌疑否决两家？

6.8.3 法律分析

（1）电子招标投标应适用《电子招标投标办法》及相关技术规范、管理办法，并应以《招标投标法》及《招标投标法实施条例》为法律依据。

作为一种新兴的招标投标模式，电子招标投标近些年来受到了国家和社会大众越来越多的关注。《招标投标法实施条例》第五条明确规定，"国家鼓励利用信息网络进行电子招标投标"。从上位法规制的角度，电子招标投标活动仍应遵守《招标投标法》及《招标投标法实施条例》的规定。

随着电子招标投标模式的普及，针对电子招标投标相关问题所出台的文件层出不穷，考虑该种招标模式的创新性及特殊性，电子招标投标活动还应以专门性规定为其依据。

其中，《电子招标投标办法》规划了电子招标投标的系统架构，确立了互联互通的技术规范，建立了信息集约的共享机制，提供了交易安全的制度保障，创新了监督管理的方式方法，为电子招标投标活动提供了制度保障。

国家认证认可监督管理委员会等发布的《电子招标投标系统检测认证管理办法（试行）》不但明确了认证的主体、标准、程序以及公共服务范围、提供方式等问题，同时进一步界定了各方权利义务关系，加强了信息集成、共享和再利用；除了规范性文件外，《电子招标投标系统技术规范》作为行业规范也给予招标人与投标人进行电子招标投标活动以参考。

（2）多家投标人将投标保证金汇至同一虚拟账户的应否决双方投标。

以往的线下招标中，对投标人围标、串标行为往往因为缺乏实质性证据难以进行认定和处理。科技的进步衍生出了电子招标投标，也从电子数据方面为部分有嫌疑的行为留下了寻证的空间。本案涉及电子招标投标中的虚拟账户问题。通常情况下，虚拟账户是银行系统结合招标项目的特殊需要，通过交易平台为每个投标人生成的唯一虚拟子账户，该虚拟账户随机生成，投标人仅具有查看自身虚拟账户的权限，除非该投标人自行透露，否则其他投标人获知其虚拟账号的可能性极小。

就本案中A公司将投标保证金汇入B公司虚拟账户的行为，从两个方面考虑应予否决其投标：一是A公司未按招标文件规定将保证金汇入约定的账户，属于不满足符合性要求，对其投标可以否决；二是A公司将投标保证金汇入B公司账户，有一定串标嫌疑，叠加第一条，否决理由更加充分。

本案认定的真正难点应当是能否因为A公司的错误行为而否决B公司的投标，认定的关键是B公司是否与A公司存在串标行为。正如前文所述，电子招标下，一投标人要获取其他投标人的虚拟账户十分困难，由于账号均为随机生成，因财务人员操作错误而误将投标保证金转入他人账号的可能性非常低，招标人有理由怀疑发生本案的情形是由同一财务人员在进行两家公司的投标保证金转款操作时操作失误所造成的。《招标投标法实施条例》第四十条中列举了"视为投标人串通投标"的六种情形，其中便有"不同投标人的投标保证金从同一单位或者个人的账户转出"的情形。对比本案事实，虽然两个投标人的投标保证金可能是从不同的银行账户中转出，与本条规定的情形并不完全一致，但是实际上不论是"投标保证金错汇至同一账户"还是"从同一单位或个人账户转出"，均为怀疑投标人存在串通投标行为的合理依据。故笔者认为招标人合理怀疑 A 公司同 B 公司存在串通投标嫌疑而否决 B 公司投标并无不妥。

当然，A 公司同 B 公司存在串通投标仅为依照事实所作出的推断，并不一定同现实情况相符，故在出现此种情况时，为防止错误否决 B 公司的投标，招标人可以将相关情况向 B 公司进行释明，若 B 公司提出逻辑自洽的解释，则可以认定 B 公司的投标有效。

6.9　案例30　关于亲属所控制不同公司能否参与同一项目投标的认定

6.9.1　案情描述

某小型设备公开招标项目、五家公司参与投标。

评标期间，A 公司向招标人提出质疑函件，说明 B 公司与 C 公司法人为夫妻关系，以双方存在利害关系为由，质疑两家公司的投标资格，要求否决该两家公司的投标。

6.9.2　焦点问题

（1）评标期间收到相关异议应如何处理？

（2）亲属所控制的不同的公司能否参与同一项目投标？

6.9.3　法律分析

（1）评标期间收到相关异议时，应当区分异议的内容，选择不同的处理方式。

依照《招标投标法实施条例》第二十二条、四十四条、五十四条规定，在三种情况下投标人有权向招标人提出异议：

1）投标人对资格预审文件或招标文件有异议的，应分别在提交资格预审申请文件截止时间 2 日前与投标截止时间 10 日前向招标人提出异议；

2）投标人对开标有异议的，应当在开标现场提出；

3）投保人对评标结果有异议的，应在中标候选人公示期间提出。

本案中，A 公司针对 B 公司和 C 公司的投标资格提出异议，并不属于上述三种法定情形。另外，评标阶段 B 公司和 C 公司尚未中标，A 公司所主张的 B 公司和 C 公司控制人存在亲属关系对 A 公司尚未产生实际影响。若 B 公司或 C 公司实际中标，则 A 公司可以针对评标结果向招标人提出异议。

招标投标过程中投标人对招标各阶段存在异议的，应向招标人投诉，依照《招标投标法实施条例》的相关规定，由招标人对异议进行答复；而投标人认为招标投标活动违反法律、法规和规章之规定的，其可以向行政监督部门提起投诉，由行政监督部门对投标人的投诉进行处理。评标委员会仅负责评标工作，并不涉及异议和投诉的处理，招标人也并不需要将其所收到的异议转交于评标委员会。

（2）亲属所控制的不同的公司参与同一项目投标并非法律明令禁止情形。

《招标投标法实施条例》第三十四条规定，"与招标人存在利害关系可能影响招标公正性的法人、其他组织或者个人，不得参加投标。单位负责人为同一人或者存在控股、管理关系的不同单位，不得参加同一标段投标或者未划分标段的同一招标项目投标。违反前两款规定的，相关投标均无效"；《中华人民共和国政府采购法》（以下简称《政府采购法》）第十八条规定，"单位负责人为同一人或者存在直接控股、管理关系的不同供应商，不得参加同一合同项下的政府采购活动"。

由前述法律规定可知，除《招标投标法实施条例》第三十四条第二款规定存在法定代表人或者代表单位行使职权的主要负责人为同一人，或者存在控股关系的母子公司参与同一项目投标，或者存在管理关系的不同单位参与同一项目投标的三种情形外，对于具有其他关联关系的投标人能否参与同一项目投标，并无明确限制性规定。

本案中，B公司及C公司并不存在控股或管理关系，而控制人为亲属关系并非法定限制参与同一项目投标的情形，在招标文件对此未作约定且无证据证明二者存在法律所禁止的关联关系的情况下，不应断然否决其投标。

6.9.4　实务提示

虽然法律上并未规定由亲属所控制的不同公司不得参与同一招标活动，但是基于两个投标人之间的特殊关系，确实可能存在相互影响控制、事先沟通、协同串通投标的可能性，为避免由此产生的问题，笔者建议在招标文件中直接将该种情形的处理方式予以明确，例如当两个或多个以上的投标人的控制人存在直系亲属关系时，招标人有权拒绝接受两方的投标文件或仅接受一方的投标文件。

如果招标文件中未对相关情形进行约定，则在评标阶段，应更为谨慎审查两个投标人的投标材料，并严格按照法律法规规定的串通投标的情形进行评审。例如，着重核对投标人的投标文件是否存在异常雷同、投标文件是否为同一人编制、投标保证金是否从同一账户汇出、是否由同一单位或同一人办理投标事宜等。如无确凿证据证明投标人之间存在串通投标，则不应否决其投标。

6.10 案例31 关于开标阶段异议的处理与认定

6.10.1 案情描述

某设备采购项目公开招标，招标人邀请所有投标单位参与开标会议。唱标环节中，A公司报价大幅低于其他投标人报价。有投标人当场提出，本项目所采购设备属行业通用设备，成本价不可能低于A公司报价，对其报价提出质疑，认为其低于成本价，不符合相关法律要求，要求招标人对该公司投标予以否决。

6.10.2 焦点问题

（1）招标人是否必须受理投标人在开标阶段提出的异议？

（2）对投标人在开标阶段提出的异议，招标人无法当场答复的情况下，应如何处理？

6.10.3 法律分析

（1）开标阶段，投标人认为招标投标活动中存在违反《招标投标法》的现象的，有权向招标人提出异议，招标人应当受理。

对于招标投标过程中出现的违法现象，投标人有权向招标人提出异议。根据《招标投标法》第六十五条规定，"投标人和其他利害关系人认为招标投标活动不符合本法有关规定的，有权向招标人提出异议或者依法向有关行政监督部门投诉"，该条并未限制投标人提出异议的时间节点，所以在开标阶段，如果投标人认为已经进行的招标投标活动中存在违法现象，有权向招标人提出异议。

本案中，其他投标人认为A公司报价低于成本价，为此向招标人提出异议。根据上述规定，应当考察投标人报价是否低于成本价以及该行为是否违反《招标投标法》。

《招标投标法》第三十三条规定，"投标人不得以低于成本的报价竞标，也不得以他人名义投标或者以其他方式弄虚作假，骗取中标"，据此，低于成本价竞标属于《招标投标法》明文禁止的违法行为，结合上述第六十五条规定，如果投标人认为其他投标人有低于成本价竞标的行为，有权向招标人提出异议，招标人应当受理。

（2）投标人对开标提出的异议，招标人应当场作出答复。但对不属于开标相关事项的异议，招标人无法当场答复，应向异议人进行释明，同时可如实记录并转交评标委员会评议。

首先，对于投标人对开标提出的异议，招标人应当场进行答复。《招标投标法实施条例》第四十四条第三款规定，"投标人对开标有异议的，应当在开标现场提出，招标人应当当场作出答复，并制作记录"。这里需要注意的是异议的范围，也就是说仅针对开标相关事项的异议，招标人有当场答复的义务。

《招标投标法实施条例释义》中对"开标相关事项"作出了解释，"开标现场可能对投标文件提交、截标时间、开标程序、投标文件密封检查和开封、唱标内容、标底价格的合理性、开标记录、唱标次序等的争议，以及投标人和招标人或者投标人相互之间是否存在条例第三十四条规定的利益冲突的情形，这些争议和问题如不及时加以解决，将影响招标投标的有效性以及后续评标工作，事后纠正存在困难或者无法纠正"，❶ 同时上述释义特别强调，"开标工作人员包括监督人员不应在开标现场对投标文件作出有效或者无效的判断处理"。依据该解释，笔者认为，此处招标人应当场答复的事项，主要是针对开标过程中的一些程序性事项是否存在瑕疵，而不涉及对投标文件本身实质性内容的判断。

其次，对于不属于开标相关事项的异议，招标人无法当场答复，应向异议人进行释明，同时可如实记录并转交评标委员会评议。对于投标文件本身实质性内容的判断，是一个较为复杂、专业的技术性工作，因此需要设立评标委员会经过严格评审得出结论。鉴于招标人在现场的开标工作人员及监督人员未必有这方面的专业能力，且未经过严格的评审程序，仓促间不易作出判断。因此，对于评标阶段的评判事项，不属于开标相关事项的异议，招标人不应在开标阶段予以回复，

❶ 参见《招标投标法实施条例释义》，国家发展和改革委员会法规司等编著，中国计划出版社，2012年，第116页。

而应留待评标阶段再行解决。

本案中，投标人于开标阶段提出的异议内容是认为 A 公司报价低于成本价，需要考察该异议事项应于开标阶段还是评标阶段予以解决。

根据《招标投标法实施条例》第五十一条规定，"有下列情形之一的，评标委员会应当否决其投标：……（五）投标报价低于成本或者高于招标文件设定的最高投标限价"，投标报价是否低于成本价属于评标阶段由评标委员会进行评判的职权范畴。

本案中，对于投标人提出的异议，招标人不应于开标阶段当场予以答复，而应向异议人释明该事项不属于开标异议，但可以如实记录并转交评标委员会，由评标委员会予以判断。

6.10.4　实务提示

对于有投标人提出异议的，招标人可根据招标投标的实际情况，在招标文件中提前合理设置异议的事项、时间、程序、处置主体等，以避免招标投标过程中因此产生争议。

6.11 案例32 关于电子招标投标软件系统原因导致部分投标文件无法解密的认定

6.11.1 案情描述

某电子招标投标项目，有十余家投标人参与项目投标，开标过程中由于系统故障，仅三家投标人的投标文件解密成功，其余均未解密成功，招标文件中未对此情形进行约定，有如下两种解决方案可供选择：（1）解密成功的三家投标人继续转入下阶段评标工作，对未解密成功投标人给予相应参与投标损失费用补偿；（2）另行通知下次开标时间。

投标人对两种解决方案态度不尽相同，为项目后续开展带来困难。

6.11.2 焦点问题

电子招标投标活动中，如何应对软件系统原因导致的开标时部分投标人文件无法解密的情况？

6.11.3 法律分析

（1）电子招标投标活动中，软件系统原因导致多数投标文件无法解密时，如招标文件中有补救方案，应按补救方案执行；如招标文件中没有补救方案，招标人有权根据实际情形作出重新招标或者继续就有效投标文件进行招标的决定。

关于电子招标投标活动中投标文件无法解密时，《电子招标投标办法》第三十一条明确规定，"因投标人原因造成投标文件未解密的，视为撤销其投标文件；因投标人之外的原因造成投标文件未解密的，视为撤回其投标文件，投标人有权要求责任方赔偿因此遭受的直接损失。部分投标文件未解密的，其他投标文件的开标可以继续进行。招标人可以在招标文件中明确投标文件无法解密的补救方案，投标文件应按照招标文件的要求作出响应"。

对上述规定的理解如下：

1）如果招标文件中对投标文件无法解密的补救方案提前进行了约定，那么应首先按照补救方案执行。

2）如果没有补救方案，那么应判断投标文件无法解密的原因。如果是投标人自身的原因，视为投标人撤销投标文件，那么投标人应承担相应责任和损失；如果是由投标人以外的原因造成的，视为投标人撤回投标文件，并且责任方应赔偿投标人的直接损失。

3）部分投标文件无法解密，不影响其他投标文件的效力，其他投标文件的开标可以继续进行。但因此处用词为"可以"，笔者认为，立法者在此给招标人设置了选择的权利：如果招标人认为部分投标文件的解密失败不影响招标的公正性和竞争性，从招标活动的效率出发，可以继续进行招标活动；如果招标人认为部分投标文件的解密失败已经影响到招标的公正性和竞争性，那么招标人可以决定本次招标失败，重新进行招标。

案例中，十余份投标文件中仅有三份解密成功。根据上述规定，首先应判断招标文件中是否有补救方案。本案的招标文件中未对此情形进行约定，故应适用法律的相关规定。

（2）需要判断投标文件无法解密的原因，具体问题具体分析。

本次无法解密是由于系统故障，并非投标人本身的原因，所以应视为投标人撤回投标文件，且投标人有权要求系统故障的责任方赔偿其直接损失。

（3）因本次招标多数投标文件均因无法解密而视为撤回，此时招标人有权作出继续进行招标活动或重新招标的决定。

招标人可以选择继续对解密成功的三份投标文件进行评标，因为根据上述规定，解密成功的投标文件是有效的，并满足最低投标人数量要求。

鉴于多数投标文件都因投标人以外的原因无法解密，仅有少数投标文件进入评标，可能影响招标的公正性以及充分竞争，故招标人可选择宣布本次招标失败，重新进行招标。

本案中提出的方案（1）具有可行性。

对于方案（2），一方面，投标文件未解密视为投标人撤回投标文件，投标人已经退出招标程序，此时宣布另行开标，违反了相关法律规定。另一方面，因为已经有三份投标文件成功进行了开标，如果重新开标，对这三位投标人是不公平的，损害了招标活动的公正性。综上所述，如果招标人认为此次事故已经影响到招标活动的正常有序进行，应当宣布本次招标失败，重新进行招标，而不是另行宣布开标时间。

6.11.4 实务提示

电子招标投标活动中，常有网络、软件系统原因导致投标文件无法解密的情况发生，建议提前在招标文件中对相应情形作出规定，制定补救方案，比如采用纸质文件备份、备用电子系统等作为备选方案，防患于未然，将意外原因造成的不利影响降到最低。

6.12　案例 33　关于电子招标投标软件系统原因导致所有投标文件均无法解密的认定

6.12.1　案情描述

　　某电子招标投标项目，开标过程中，所有投标人的投标文件均未解密成功，招标文件中未对此情形进行约定，后续事项处理有如下两种解决方案：（1）按本次招标失败处理，重新发布招标公告进行二次招标；（2）直接在当次开标会上宣布下次开标时间，并发送书面通知，开标活动延后进行。

　　从提高采购效率考虑，招标人倾向选择方案（2），但有人提出，按照《电子招标投标办法》中"因投标人之外的原因造成投标文件未解密的，视为撤回其投标文件"的规定，本次招标活动应属于所有投标人撤回文件，招标活动失败，应按照法定程序重新招标。

6.12.2　焦点问题

　　如何应对所有投标文件由于软件系统原因均无法解密的情况？

6.12.3　法律分析

　　（1）如招标文件中有补救方案，应按补救方案执行；如招标文件中没有补救方案，视为所有投标人撤回投标文件，此时投标人数不满足法定要求，招标失败，应重新进行招标。

　　关于电子招标投标活动中投标文件未解密时，《电子招标投标办法》第三十一条明确规定，"因投标人原因造成投标文件未解密的，视为撤销其投标文件；因投标人之外的原因造成投标文件未解密的，视为撤回其投标文件，投标人有权要求责任方赔偿因此遭受的直接损失。部分投标文件未解密的，其他投标文件的开标可以继续进行。招标人可以在招标文件中明确投标文件无法解密的补救方案，投标文件应按照招标文件的要求作出响应"。

对上述规定的理解如下：

1）如果招标文件中对投标文件无法解密的补救方案提前进行了约定，那么应首先按照补救方案执行。

2）如果没有补救方案，那么应判断投标文件无法解密的原因。如果是投标人自身的原因，视为投标人撤销投标文件，那么投标人应承担相应责任和损失；如果是由投标人以外的原因造成的，视为投标人撤回投标文件，并且责任方应赔偿投标人的直接损失。

本案中，由于招标文件中未对此情形进行约定，不存在补救方案，所以应按法律规定执行。

（2）投标人有权请求软件系统故障责任方赔偿直接损失，招标人应依法重新招标。

因此次无法解密是出于软件系统原因，并非投标人原因，按相关规定应视为投标人撤回投标文件，并且投标人有权请求软件系统故障责任方赔偿直接损失。

根据《招标投标法》第二十八条规定，"投标人少于三个的，招标人应当依照本法重新招标"。鉴于本案中已经没有合适的投标人，招标人应依法重新招标。因此，方案（1）是可行的，方案（2）虽然能提高招标投标活动的效率，但并不符合现行法律规定。

6.12.4　立法建议

《电子招标投标办法》第三十一条规定的立法本意，是为了提高招标投标活动的效率，避免因无法解密的部分投标文件影响整个招标投标进程，但该规定显然未能考虑到所有的情形。

本案中，恰恰是根据该条规定，招标失败，招标人只能重新招标，而无法选择再次开标的补救措施，增加了双方的成本，降低了整个招标投标活动的效率。

通过进一步思考，出现这种现象的可能原因是，立法者将非投标人原因导致的投标文件解密失败直接规定为撤回投标，并不符合招标人和投标人的真实意思表示。投标人和招标人之间的关系是平等的民事主体关系，招标投标活动也是典型的民事法律行为，故而应尊重招标人和投标人双方的意思自治。如果因第三方原因导致投标文件解密失败，并不能就此推断得出投标人具有撤回投标的意思，而招标人也并不一定因此愿意将相关投标人排除在外。

在仅有部分投标人的投标文件无法解密时，将解密失败的投标人排除在外尚可说出于效率原则的考虑，具有一定的正当性。但当所有投标人的投标文件均无法解密时，此时按该条款规定仍需排除所有投标人，本次招标失败，必须重启招标程序，这种做法显然不如另行开标更符合双方当事人的真实意思，且更有效率。

因此，从效率原则和公平原则出发，应首先尊重双方当事人的意思自治，所有投标文件均因第三方原因无法解密的，如果招标人和投标人协商一致，应当允许再次进行开标。除非双方无法达成一致，此时为了避免招标投标活动陷入僵局，才应视为撤回投标，招标失败。

6.13 案例34 关于重新招标失败后能否转为竞争性谈判的认定

6.13.1 案情描述

某依法必须招标的货物采购公开招标项目，由于货物附加值不高但运费较高，受地域限制，投标人较少。一次招标开标时由于投标人不足三家而重新招标，重新招标时有三家投标人报名参加，但开标时仅有两家投标人按时到场递交投标文件，A公司迟到。

招标人出于供货时间紧迫考虑，拟直接在开标现场提出本项目邀请递交文件的两家单位转入竞争性谈判，对A公司以其不满足招标文件规定的开标时间要求为由拒绝接受其参与谈判。A公司提出异议，认为招标人的做法不符合程序，A公司迟到仅适用于招标投标活动，现招标人转为竞争性谈判，二者程序不能混为一谈。

6.13.2 焦点问题

重新招标后仅有两家投标人参加，是否能直接将招标活动转为竞争性谈判活动？

6.13.3 法律分析

依法必须招标的工程建设项目货物采购，重新招标后仅有两家投标人参加，按国家有关规定履行审批、核准手续后，可以采取竞争性谈判方式采购。

第一，案例所涉项目为依法必须招标的项目，应首先根据《招标投标法》的相关规定适用公开招标程序重新招标。根据《招标投标法》第二十八条规定，"投标人少于三个的，招标人应当依照本法重新招标"，公开招标活动中，投标人不得少于三人。而第一次招标开标时投标人不足三人，根据上述规定应当重新招标。

第二，如案例所涉项目为工程建设项目货物采购，根据《工程建设项目货物招标投标办法》第三十四条第三款规定，"依法必须进行招标的项目，提交投标文件的投标人少于三个的，招标人在分析招标失败的原因并采取相应措施后，应当依法重新招标。重新招标后投标人仍少于三个的，按国家有关规定需要履行审批、核准手续的依法必须进行招标的项目，报项目审批、核准部门审批、核准后可以不再进行招标"，如重新招标后投标人仍少于三人，招标人可以终止招标程序，并采用竞争性谈判的方式采购，但前提是必须按国家有关规定履行审批、核准手续。

6.13.4 实务提示

实践中由于各种原因，经常发生投标人数不足导致招标程序无法进行的情形。在这种情况下，招标人的第一反应往往是采用其他方式如竞争性谈判的方式进行采购，认为如此可以提高采购效率。

但事实上，立法者给招标人设计了多种选择。比如本案中，如果剩余两家投标人的投标适格，招标人可以向有关行政监督部门备案后继续就两家的投标进行开标、评标、中标程序。而如果招标人选择退出招标程序，采用竞争性谈判程序，反而可能要经过烦琐的备案、同意、批准程序，并且仍要按照竞争性谈判的程序重新进行采购，效率上可能比继续进行招标程序更低。

实践中，如果投标人不足三家，招标人可以首先检视是否符合继续招标的条件，在不满足继续招标条件情况下，方才继续考虑采用其他方式进行采购。即便采用其他方式进行采购，也应严格遵循相应程序规定。

6.14 案例35 关于暂估价招标主体的认定

6.14.1 案情描述

某工程总承包项目使用工程量清单进行招标，招标人 A 通过公开招标方式确定了 B 公司为总承包单位。在工程量清单中，有一部分专业工程，由于工程项目拟使用新工艺，相应费用无法提前计量，故计列在暂估价中，上述相应金额达到依法必须招标的标准。

A、B 两家公司在签订总承包合同时，未对暂估价部分的招标主体进行约定，在暂估价项目招标过程中，双方就招标主体及招标文件的编制发生争议：A 公司认为本专业工程拟采用新工艺，为保证施工质量，应在评分办法打分项的设置中向实施新工艺有保障的大型施工企业倾斜；B 公司从节约成本角度出发，认为无须倾斜，避免中标价格过高。

6.14.2 焦点问题

暂估价招标时，应如何界定总承包项目发承包双方的工作划分？

6.14.3 法律分析

（1）暂估价项目招标时，应首先按照总承包合同约定划分总承包人和发包人的权利义务关系。

首先，现行规定中，仅有《工程建设项目货物招标投标办法》第五条对依法必须招标的工程建设货物招标项目中的暂估价项目招标主体作出规定，"工程建设项目货物招标投标活动、依法由招标人负责……工程建设项目实行总承包招标时，以暂估价形式包括在总承包范围内的货物属于依法必须进行招标的项目范围且达到国家规定规模标准的，应当依法组织招标"，实践中通常采取招标人招标或招标人与总承包人共同招标的形式。

其次，对于货物招标外的必须招标项目，以及非必须招标项目，现行法律法规并未明确规定进行暂估价项目招标的主体，因此根据意思自治的原则，总承包合同有约定时，应按合同约定确定发包人和总承包人之间的权利义务关系；没有约定时，可由发包人与总承包协商确定。

案例中，A、B 两家公司在签订总承包合同时，未对暂估价部分的招标主体进行约定，因此才产生了后续争议。

（2）总承包合同未对暂估价项目招标进行约定的情况下，如果总承包人参与投标，应以发包人为招标主体。

总承包合同未对暂估价项目招标进行约定的情况下，如果总承包人参与暂估价项目投标，此时无疑应以发包人作为招标主体，对此，《建设工程工程量清单计价规范》GB 50500—2013 第 9.8.4 条第三款进行了明确规定，"承包人参加投标的专业工程分包招标，应由发包人作为招标人，与组织招标工作有关的费用由发包人承担。同等条件下，应优先选择承包人中标"。

本案中，未明确 B 公司是否参与暂估价项目投标，如果 B 公司参与投标，应以 A 公司为招标主体，编制相关招标文件。

（3）总承包合同未对暂估价项目招标进行约定的情况下，如果总承包人不参与投标，一般情况下应由总承包人进行招标，但也可由总承包人和总承包发包人共同招标，或者由总承包发包人进行招标。

总承包合同未对暂估价项目招标进行约定的情况下，法律法规目前对此并没有强制性规定，但可从《建设工程施工合同（示范文本）》（GF—2017—0201）及《建设工程工程量清单计价规范》GB 50500—2013 等文件中探求实践中的一般做法。

首先，住房和城乡建设部发布的《建设工程施工合同（示范文本）》（GF—2017—0201）对暂估价项目进行了规定。示范文本同样将暂估价项目招标分为依法必须招标和非依法必须招标两种情形：对于依法必须招标的，设定了两种方式，一是由承包人进行招标；二是由发包人和承包人共同招标。对于非依法必须招标的，设定了三种方案，一是由承包人直接采购，报发包人批准；二是由承包人负责招标后采购；三是直接由承包人实施暂估价项目。可见，对于暂估价项目招标，住房和城乡建设部更倾向于总承包人招标或者总承包发承包双方共同招标。

其次，《建设工程工程量清单计价规范》GB 50500—2013 也对暂估价项目招标进行了规定，其中，第9.8.1条规定，"发包人在招标工程量清单中给定暂估价的材料、工程设备属于依法必须招标的，由发承包双方以招标的方式选择供应商。中标价格与招标工程量清单中所列的暂估价的差额以及相应的规费、税金等费用，应列入合同价格"。

第9.8.4条第一、二款规定，"发包人在招标工程量清单中给定暂估价的专业工程，依法必须招标的，应当由发承包双方依法组织招标选择专业分包人，并接受有管辖权的建设工程招标投标管理机构的监督。除合同另有约定外，承包人不参与投标的专业工程分包招标……"。

根据上述规定，总承包人不参加投标的，应由发承包双方进行招标。但发承包双方进行招标也可以解释为三种方案：一是由总承包发承包双方共同招标，二是由总承包人进行招标，三是由总承包发包人进行招标。

最后，《招标投标法实施条例释义》认为，"由承包人作为暂估价项目招标人已经被实践证明是最佳的选择。该做法同时给予总承包发包人足够的话语权，由承包人与暂估价项目中标人签订合同，有利于理顺合同关系，方便合同履行"。❶

结合上述各项规定和解释可知，现行法律法规并未对暂估价项目的招标主体作出强制性规定，故而总承包人招标、总承包发包人招标、总承包发承包双方共同招标三种形式均是可行的。但是在实践中，关于总承包发承包双方共同招标的方式，合同法律关系不够清晰，容易出现双方扯皮、投诉和进度慢等诸多问题，可能会影响到总承包合同顺利履行；而如果由总承包发包人招标，因暂估价项目属于总承包人的承包范围，一旦出现质量、安全、进度等问题，容易出现总承包发包人和总承包人相互推诿的情形。因此，由总承包人招标是经过实践检验的最优解。

本案例中，由A公司或B公司招标，或者是A、B公司一同招标，均是可行的，但是出于理顺合同关系、推进工程进度的考虑，由B公司负责招标是更加合理的方案。

---

❶ 参见《招标投标法实施条例释义》，国家发展和改革委员会法规司等编著，中国计划出版社，2012年，第79页。

（4）由总承包人负责暂估价项目招标的，应保证发包人的参与权和话语权。

虽然总承包人负责暂估价项目的招标，但是这并不意味着发包人完全不能干涉，因为暂估价的实际开支最终由发包人承担，其在关注质量的同时，更有关注价格的权利。而且让发包人参与进来，有助于避免发包人和总承包人之间的猜忌，推进总承包合同顺利履行。

从工程量清单计价规范及施工合同等行业惯例来看，发包人在此过程中的话语权主要体现为审查批准。

首先，《建设工程工程量清单计价规范》GB 50500—2013 第 9.8.4 条第二款中规定，"招标文件评标工作、评标结果应报送发包人批准"。

其次，《建设工程施工合同（示范文本）》（GF—2017—0201）中也规定了承包人应将招标方案、招标文件报发包人审查批准，并且承包人应与发包人共同确定中标人。

案例中，如果由 B 公司负责招标，B 公司应当负责编制招标方案和招标文件，但需报 A 公司批准后方可开展招标程序，并且 B 公司不得擅自决定中标人，而应与 A 公司协商一致后确定。

6.14.4　实务提示

实践中，受签订总承包合同时双方当事人的主客观条件的限制，往往会产生暂估价项目，此时双方当事人应当事先在总承包合同中将双方关于暂估价项目的权利义务划分清楚，比如是否需要招标、招标主体、招标方案和招标文件的编制。在总承包合同的履行过程中，因发承包双方利益的不一致，往往会就此产生争议和纠纷，进而拖延整个工程的进度。

如果总承包人参加投标，则只能由发包人作为招标人；如果总承包人不参加投标，根据实践得出的经验，由总承包人作为招标人是比较合理的方案，但应同时在合同中明确发包人具有最终审批通过的权利，如此方能平衡双方当事人的利益，保证暂估价项目顺利实施，进而推动整个项目进展。

6.15　案例 36　关于中标通知书发出后对投标人异议 的处理

6.15.1　案情描述

在某设备采购项目中，中标候选人公示期内无人提出异议，随后招标人发出中标通知书及中标结果公示。次日，有投标人发来异议函质疑中标人的现有生产规模无法满足招标文件要求，应否决其投标。

针对上述问题，有观点认为，应当适用实事求是的原则，即中标通知书虽已发出，但若急于推进招标活动可能会导致无法逆转的后果，故应当暂停招标活动并查明事实后再做后续操作；还有观点认为，法律赋予的救济是有时间限制的，超期未行使权利即视为放弃。

6.15.2　焦点问题

中标候选人公示期满且中标通知书发出后，对中标人履约能力的异议应如何处理？

6.15.3　法律分析

（1）其他投标人在中标候选人公示期满后提出针对中标人履约能力的异议，招标人不应受理。

设置中标候选人公示期的意义就是敦促投标人或其他利害关系人及时维护自身合法权益，根据《招标投标法实施条例》第五十四条第二款规定，"投标人或者其他利害关系人对依法必须进行招标的项目的评标结果有异议的，应当在中标候选人公示期间提出。招标人应当自收到异议之日起3日内作出答复；作出答复前，应当暂停招标投标活动"，从敦促其他投标人积极行使异议权利，及保护中标候选人中标结果稳定性的双重目的出发，本案中，对于中标候选人公示期满后提出

· 121 ·

的异议，招标人不应受理。

（2）招标人经核实，中标人的履约能力确实不满足招标文件的要求的，有权向有关行政监督部门投诉，请求确认中标无效，但应提交必要的证明材料。

如果中标人履约能力确实不满足招标文件要求，而公示期也已期满，此时招标人应如何维护自身合法利益呢？

《招标投标法实施条例》第六十条第一款规定，"投标人或者其他利害关系人认为招标投标活动不符合法律、行政法规规定的，可以自知道或者应当知道之日起10日内向有关行政监督部门投诉。投诉应当有明确的请求和必要的证明材料"。关于该条款的理解如下：

1）投诉主体包括投标人和其他利害关系人。根据《招标投标法实施条例释义》，这里的"其他利害关系人"应该包括招标人。

2）投诉内容为不符合法律、行政法规规定的招标投标活动。对于招标人来说，不能自行处理、必须通过行政救济途径才能解决的问题，例如投标人串通投标、弄虚作假等情形，招标人可以进行投诉。

3）投诉时间为自知道或应当知道违法情形之日起10日内。

4）投诉受理机关为有关行政监督部门。

5）投诉应当有明确的请求和必要的证明材料。对于投诉的违法活动，投诉人应当搜集并提交必要的证明材料，并向有关行政监督部门提出明确的请求。

案例中，招标人收到投标人关于中标人履约能力的异议，虽然按规定不应予以受理，但如果中标人履约能力确实不满足招标文件的要求，根据《招标投标法》第二十六条，"投标人应当具备承担招标项目的能力"，该种情形已经违反了法律规定，如放任不管，可能后续会造成更大的损失，也不符合《招标投标法》的宗旨和原则。

因此，针对投标人反映的情况，招标人首先可予以核实，如果情况不属实，应继续进行合同的签订及履行；如果情况属实，招标人可按照上述规定向有关行政监督部门进行投诉，予以救济，但应提交必要的证明材料。

关于招标人投诉请求的内容，从《招标投标法》第二十六条的内容和立法目的来看，该规定属法律的效力性强制性规定，根据《合同法》第五十二条第五款的规定，中标应属无效，招标人应就此提出投诉请求。

6.15.4　实务提示

中标通知书发出后，如果其他投标人在公示期满后向招标人就评标结果提出异议，招标人不应予以受理和答复。

但是这并不意味着中标通知书发出以后，中标人就可以高枕无忧。根据《招标投标法实施条例》第六十条的规定，招标人首先应就有关情形进行核实，如果查实中标存在违反法律、法规的相关情况，招标人可以自己的名义向有关行政监督部门提起投诉，以此来维护自身的合法权益。

6.16　案例 37　关于第一中标候选人放弃中标后重新确定中标人是否需经重新公示的认定

6.16.1　案情描述

在某厂房扩建施工项目中，评标委员会根据招标文件规定的评标办法推荐三位中标候选人，中标通知书发出后中标人来函放弃中标资格。

对于是否能够直接确定排名第二的中标候选人成为中标人以及是否需要进行重新公示存在不同意见。有观点认为，应由评标委员会通过复议程序否决第一中标候选人的投标后重新推荐三位中标候选人，之后再重新对评标结果进行公示；另一观点认为，无须经由上述程序即可直接确定中标人且无须重新公示，可由招标人直接向第二中标候选人发出中标通知书。

6.16.2　焦点问题

中标通知书发出后中标人放弃中标，招标人选用排名第二的中标候选人时是否需要经过复议程序和中标候选人公示程序？

6.16.3　法律分析

中标人放弃中标的，招标人可以直接确定排名第二的中标候选人成为中标人，不需要经过复议程序或中标候选人公示程序。

首先，根据《招标投标法实施条例》第五十五条规定，"国有资金占控股或者主导地位的依法必须进行招标的项目，招标人应当确定排名第一的中标候选人为中标人。排名第一的中标候选人放弃中标、因不可抗力不能履行合同、不按照招标文件要求提交履约保证金，或者被查实存在影响中标结果的违法行为等情形，不符合中标条件的，招标人可以按照评标委员会提出的中标候选人名单排序依次确定其他中标候选人为中标人，也可以重新招标"，对于国有资金占控股或主导地位的依法必须招标的项目，排名第一的中标候选人放弃中标时，招标人此时可以选择重新招标，也可以按中标候选人名单排序依次确定其他中标候选人为中标人。此时根据文义，既然已确定为"中标人"，自然无须再经过评标委员会的复议以及中标候选人的公示程序。

其次，《工程建设项目施工招标投标办法》第五十八条对此进一步明确规定，"国有资金占控股或者主导地位的依法必须进行招标的项目，招标人应当确定排名第一的中标候选人为中标人。排名第一的中标候选人放弃中标、因不可抗力提出不能履行合同、不按照招标文件的要求提交履约保证金，或者被查实存在影响中标结果的违法行为等情形，不符合中标条件的，招标人可以按照评标委员会提出的中标候选人名单排序依次确定其他中标候选人为中标人。依次确定其他中标候选人与招标人预期差距较大，或者对招标人明显不利的，招标人可以重新招标。招标人可以授权评标委员会直接确定中标人"，招标人可根据项目需要及中标候选人情况进行选择，如果招标人认为其他中标候选人与预期差距较大或者对招标人明显不利，可以不再从剩余中标候选人中选择中标人而重新招标。

此外，《评标委员会和评标方法暂行规定》第四十八条也作出了同样的规定。需注意的是，前述规定中均明确此时招标人可以授权评标委员会直接确定中标人，即无须再经过复议或公示程序。

最后，基于效率原则，也没有进行复议或公示程序的必要性。设置复议及公示程序的目的是为了确定适合的中标候选人范围和排序，从中选择最佳的中标候选人为中标人。如果已经确定第一中标候选人为中标人，表示已经经过了复议和公示程序。虽然第一中标候选人因各种原因不再符合中标条件，其他中标候选人的中标资格和排序却不受其影响，此时再次进行复议和公示，也只能得出同样的结果，这无疑是降低效率且浪费资源的做法。

但是上述规定仅针对国有资金占控股或者主导地位的依法必须进行招标的项目，对于除此以外的招标项目，《招标投标法实施条例》及《工程建设项目施工招标投标办法》并未作出明确规定。

笔者认为，此处可以举重以明轻，国有资金占控股或者主导地位的依法必须进行招标的项目，因为涉及国有资金且属于依法必须招标项目，立法者尤为关注其招标活动的规范性，若这类项目都不需经过复议或公示程序，那么对于其他项目更没有复议或者公示的必要。

本案中，虽然未明确项目属于何种性质，但因已经发出中标通知书，显然已经过复议和公示程序，此时中标人放弃中标资格，招标人有权根据次序直接确定排名第二的中标候选人为中标人，并向其发放中标通知书，无须经过复议或者公示程序。

6.17 案例 38 关于招标文件规定可推荐超过三名中标候选人的认定

6.17.1 案情描述

某运输服务招标项目中，由于涉及多个地区间标的运输往来，招标文件规定将确定五家投标人成为中标候选人。本项目共计有十五家投标人参与，经评审，评标委员会推荐甲乙丙丁戊五家投标人作为中标候选人。

对于上述做法，有观点认为，中标候选人名单不应超过三家投标人，故推荐五家投标人的做法不妥；还有观点认为，此种做法属于招标人的自主决定事项，并无违法之处。

6.17.2 焦点问题

招标文件是否可以规定由评标委员会推荐超过三家投标人作为中标候选人？

6.17.3 法律分析

法律法规明确规定中标候选人不应超过三个，故招标文件不宜规定评标委员会可以推荐超过三个中标投标人。

首先，《招标投标法实施条例》第五十三条第一款规定，"评标完成后，评标委员会应当向招标人提交书面评标报告和中标候选人名单。中标候选人应当不超过 3 个，并标明排序"，该条款明确了评标委员会推荐的中标候选人应当不超过三个。

其次，《评标委员会和评标方法暂行规定》第四十五条规定，"评标委员会推荐的中标候选人应当限定在一至三人，并标明排列顺序"，但需注意的是，该规定仅适用于依法必须招标项目的评标活动。

结合上述两项规定可以看出，立法者对评标委员会推荐的中标候选人的数量限制在三个以下。之所以要做如此限制，根据《招标投标法实施条例释义》，主要出于三点考虑：

第一，为了衔接《招标投标法》第二十八条和《招标投标法实施条例》第四十四条第二款的规定。根据这两条规定，投标人满足三个便可以开标，如果仅有三个投标人，那么中标候选人数量最多只能是三个。

第二，中标候选人放弃中标、因不可抗力不能履行合同、不按照招标文件要求提交履约保证金，或者被查实存在影响中标结果的违法行为等，从而不能中标的，招标人可以按照评标委员会提出的中标候选人名单排序依次确定其他中标候选人为中标人，以节约时间和提高效率。

第三，除国有资金占控股或主导地位的依法必须进行招标项目外，招标人可根据项目特点和实际需要从中标候选人中确定中标人，而不是必须确定排名第一的中标候选人为中标人。推荐不超过三个中标候选人可为招标人提供一定选择余地，但推荐过多中标候选人并允许招标人自由选择，有可能使招标失去意义。

案例中，评标委员会推荐甲乙丙丁戊五家投标人作为中标候选人，违反了《招标投标法实施条例》的明确规定。

6.17.4 实务提示

根据上述分析，评标委员会在一次招标活动中同时推荐超过三个中标候选人，违反了《招标投标法实施条例》的相关规定，但是在实践中，有时招标人又确实有相应的需求，两者就形成了矛盾。

笔者认为，此时有两种解决方案：

一种是判断是否必须采取招标方式进行采购，如果有其他方式可以选择的，可不必以招标方式进行。如果属于非依法必须招标项目，可以采取招标之外的其他方式，例如竞争性谈判、询价采购等其他方式进行采购。即使是依法必须招标项目，如法律有特殊规定，也可不采取招标方式进行采购，例如《招标投标法》第六十六条及《招标投标法实施条例》第八条、九条等。

另一种是采取分段（包）招标的方式进行招标。具体而言，是根据项目特点和实际需要（以公路类项目、运输类项目为典型），将项目划分成不同的标段或者标包，分别进行招标，此时每个标段或标包均能评选出三名中标候选人，这样既能满足招标人的需求，又不违反法律的相关规定。

6.18 案例 39 关于投标人同一 IP 地址上传电子投标文件的案例

6.18.1 案情描述

某项目采用电子招标方式进行采购，共有六家投标人参与投标。开标后，评标委员会发现其中两家投标人的投标文件为从同一 IP 地址上传。

评标委员会对于是否需要否决上述两家投标人的投标这一问题存在争议。有观点认为，两家投标人应当视为串通投标；还有观点认为，并无法律规定此种情况应如何处理，故不能随意否决其投标。

6.18.2 焦点问题

不同投标人通过同一 IP 地址上传电子投标文件是否应当否决其投标？

6.18.3 法律分析

（1）不同投标人通过同一 IP 地址上传电子投标文件属于法律规定的串通投标行为。

不同投标人所上传电子投标文件来自同一 IP 地址这一情形，在技术上一般仅可能发生在通过同一台电脑上传的情况下，故该情形属《招标投标法实施条例》第四十条第（二）款规定的"不同投标人委托同一单位或者个人办理投标事宜，视为投标人相互串通投标"的情形。同时，《招标投标法实施条例释义》中也规定，"采用电子招标投标的，从同一个投标单位或者同一个自然人的 IP 地址下载招标文件或者上传投标文件也属于本项规定的情形"。

除国家规定外，地方法规对于该情况也有所规定，例如，《雄安新区工程建设项目招标投标管理办法（试行）》第二十八条规定，"有下列情形之一的，视为投标人相互串通投标:（一）不同投标人编制的投标文件存在两处以上错误一致的;

（二）不同投标人使用同一电脑或者同一个加密工具编制投标文件的；（三）不同投标人提交电子投标文件的 IP 地址相同的；（四）参加投标活动的人员为同一标段其他投标人在职人员的"。

（2）评标委员会应当根据法律规定和招标文件否决该投标。

根据前述分析，不同投标人通过同一 IP 地址上传电子投标文件的行为应"视为串通投标"。《招标投标法实施条例》第五十一条规定了评标委员会应当否决投标的情形，其中第七种情形即"投标人有串通投标、弄虚作假、行贿等违法行为"。尽管前述实施条例中并未就"视为串通投标"是否等同于"串通投标"进行明确规定，然而，从严厉打击串标行为的角度出发，评标委员会应当结合法律规定和招标文件考虑否决该投标。

6.18.4 实务提示

为避免投标人对"视为串通投标"是否完全等同于"串通投标"存在不同的理解，建议招标人在招标文件中明确将不同投标人通过同一 IP 地址上传电子投标文件这一情形作为否决投标条款列明。

6.18.5 立法建议

伴随着网络信息技术、电子政务和电子商务的迅速发展，采用电子手段对纸质招标投标方式进行探索与完善，已然变成激发招标投标行业活力、促进科学发展的客观趋势。然而，对于电子招标投标这一新兴事物来说，在网络构建、资源共享、监督管理、安全保障、信用建设等方面，建议国家以及相关部门加强对电子招标投标配套管理办法、系统技术标准的规范和引导，并完善对围标、串标等行为的惩处措施和查处机制。

6.19   案例40   关于项目经理同时兼任多个项目负责人的认定

6.19.1   案情描述

某施工工程招标项目（非依法必须进行招标项目），中标候选人公示期间第二中标候选人向招标人提出异议，认为第一中标候选人拟委派的项目负责人同时兼任多个项目的项目负责人。

对此情形该如何处理存在两种观点。第一种观点认为，本案中第一中标候选人的做法违反《注册建造师管理规定》（建设部令第153号），应否决其投标；第二种观点认为，招标文件并未将此设置为否决投标条款，即便行政主管部门会加以处罚也与招标活动无关，故不应否决其投标。

6.19.2   焦点问题

投标人拟委派的项目负责人同时兼任多个项目的负责人时是否应当否决其投标？

6.19.3   法律分析

（1）如投标人拟委派的项目负责人在投标时已经同时兼任多个项目负责人，则应否决其投标。

《招标投标法实施条例》第五十一条中明确规定了评标委员会应当否决其投标的七种情形，"（一）投标文件未经投标单位盖章和单位负责人签字；（二）投标联合体没有提交共同投标协议；（三）投标人不符合国家或者招标文件规定的资格条件；（四）同一投标人提交两个以上不同的投标文件或者投标报价，但招标文件要求提交备选投标的除外；（五）投标报价低于成本或者高于招标文件设定的最高投标限价；（六）投标文件没有对招标文件的实质性要求和条件作出响应；（七）

投标人有串通投标、弄虚作假、行贿等违法行为"。前述七种情形中并未包括投标人拟委派的项目负责人同时兼任多个项目负责人的情形。

根据《注册建造师管理规定》第二十一条规定，"注册建造师不得同时在两个及两个以上的建设工程项目上担任施工单位项目负责人"，可知，我国法律规定禁止注册建造师同时在两个以上建设项目担任负责人。因此，如投标人拟委派注册建造师担任项目负责人，且其在投标时已经同时兼任多个项目负责人的，则涉嫌违反该规定；如该项目负责人仅为多个投标项目中的项目负责人，则不与该规定相悖。

此外，我国部分地区的招标投标诚信类规范中会有禁止投标单位以存在其他在建项目的项目经理进行投标的条款，如若违反该诚信规范，则可能面临被列入地方招标投标"黑名单"的风险。

（2）不同项目的招标文件及评标办法中对该情形是否必然导致中标无效可能存在具体规定，应予遵守。

鉴于《招标投标法》《招标投标法实施条例》及《注册建造师管理规定》等相关法律规定中均未明确本案焦点问题的情形必然会导致招标无效，因此，不同项目的招标文件及评标办法中对该情形是否必然导致中标无效可能存在具体规定。评标委员会在评审时，将依据具体项目的评标办法和招标文件规定进行衡量和评估。

如招标文件及评标办法中均不存在相关禁止性规定，且投标人并无其他导致招标无效的情形，评标委员会并不必然会因投标人拟委派的项目负责人同时兼任多个项目负责人而否决其投标。反之，招标投标文件中如果明确将"项目经理不得另有在建项目"或"项目经理不得在另外的招标项目中担任项目经理"等条款作为否定性条件，则投标人此后以第一顺位中标也可能导致招标投标无效。

（3）实务中需要区分投标人拟委派的项目负责人同时兼任的为在建项目的项目负责人，或仅为招标项目的项目负责人两种情形。

第一种情形下，该做法因违反《注册建造师管理规定》中"不得同时在两个及两个以上的建设工程项目上担任施工单位项目负责人"的规定，而存在违法、违约风险，应避免。

第二种情形下，鉴于目前我国法律规定中并未明确如投标人拟委派的项目负责人同时兼任多个招标项目的项目负责人将会导致中标无效或其他法律后果，实务中需要结合项目所在地的地方性招标投标规定，以及项目招标文件和评标办法的条款进行具体分析，避免出现违反地方性规定或项目招标要求的违规、违约情形。

6.19.4　实务提示

同一投标人以同一人选作为拟委派项目经理同时参与两个以上项目投标，系实务中较为常见的情形，需要根据不同中标情况，区别处理。

如果所投项目均未中标，则无须讨论中标无效情形；如果所有投标项目有且仅有一个中标，该项目经理不存在担任其他在建项目负责人的情形且并不存在其他中标无效情形；如果同时中标两个或两个以上项目，则必须根据我国《招标投标法》《标准施工招标文件》及项目合同的规定和约定，依法、依约更换项目经理，确保项目经理满足相关法律法规及部门规章的要求。

6.20　案例 41　关于国有企业开展集中招标采购模式的探讨

6.20.1　案情描述

2012 年，国务院国有资产监督管理委员会大力推广集中采购，意在整合资源、形成合力、提高采购效率、节约成本、实现阳光采购。在各中央企业推广实践中，存在不同程度难题。

实现集中采购深入细化管理，面临统一标准、编码、需求、技术等大量问题，而我国国有企业由于其在国民经济发展中发挥着主导和基础支撑作用，数量众多、分布广泛、情况复杂，要实现相应集中采购管理，难点众多。从企业内部层面看，涉及业务流程的归总及体制机制的协调等；从社会外部层面看，涉及对市场情况的整体把控及对产业链的认知等；从整体层面来看，实际还是缺少相关法律支撑，相关机制不尽完善。

例如目前大部分集中采购采用的统招统签、统招单签等模式，均面临招标人可能与实际合同签订人或执行人不一致、法律体系及相关指导文件均集中在单个项目招标活动中以至无法为企业集中招标提供合适的管理提升依据等问题。

6.20.2　焦点问题

在现行招标投标体系下，如何正确理解并运用集中采购？

6.20.3　法律分析

（1）推行集中采购具有现实意义。

集中采购是企业在核心管理层建立专门的采购机构，统一管理企业所需物品的采购业务。[1] 集中采购是经营主体赢得市场、控制节奏、提高工作效率、取得

---

[1] 张晓华，《采购与库存控制》，华中科技大学出版社，2011 年，第 60 页至第 64 页。

最大利益的战略和制度安排，将成为未来企业采购的主要方式，具有广阔的发展前景。总的来说，集中采购大概包括两层含义：第一，降低分散采购的选择风险和时间成本；第二，集中时间，集中人力，集中采购。❶

集中采购具有若干现实意义，现简要列举如下：

首先，集中采购有利于节约成本，增加效率。集中采购相较于以单个项目为主体的采购模式，能够从多方面实现降本增效：一是能节约采购方的组织成本及投标方的应标成本，通过增加采购规模，规范采购流程，降低投标人的生产成本和交易成本；二是能减少交易次数，节约交易费用；三是将同类型工作合并实施，提高工作效率；四是充分利用规模优势，激发社会上更多供应商的投标动力，通过充分竞争合理实现招标采购价格的降低；五是可以通过增加投标人数目，进而约束投标人不合理报价。

其次，集中采购有利于打破地域限制，拓宽供应链。传统以单个项目为主体的招标项目中，经常出现地域划分明显、地方供货商势力割据的局面，围标、串标情况较多，招标人往往也由于地域特殊性缺乏议价能力，集中采购有利于加强对供应商的管理，掌握招标投标活动中的主动权，拓宽供应链，推动采购管理向供应链管理升级，发挥行业带头作用。

最后，集中采购有利于加强监管，实现阳光采购。集中采购从制度上解决了计划权、采购权、使用权三权分离的问题，健全了相应的规章制度，明确了各部门的分工，理顺了各部门间业务接口，规范了采购行为；采购全过程分别由不同部门协作完成，接受法律、质检、财务、纪检等部门的监督检查，提高采购过程的透明度，有效防止腐败的滋生。集中采购可以从上部管控层面将原有的单个项目归集，有效管控分散项目中可能出现的"暗箱操作"行为，避免腐败现象的发生，减少违规风险。

（2）集中采购存在一定的问题。

我国的政府部门和医疗卫生机构、交通运输等行业部门都曾经组织过或正在组织大规模的集中采购工作，其间取得过明显的经济效益和社会效益，但也存在

---

❶ 李振，《集中招标采购管理中的问题及对策浅析》，载于《品牌管理研究》，2012年，第46页。

一定的问题。❶

例如，李宪法曾经指出，由于临床用药无法控制，因而无法从源头改变患者用药成本增加的现状，导致药品集中招标采购的降价作用有限。❷伍杰雄指出，由于行政指令性的药品集中招标采购政策、不区分不同药品对采购方式的要求、服务费和保证金收取制度的不完善等导致药品集中招标采购无法产生预期效果。❸吴丽群指出，运作流程不统一、不规范及用药垄断等是药品集中招标采购迫切需要改进的地方。❹周新宇、于辉指出，采购与使用部门缺乏协调、采购计划编制和执行的随意性等是制约政府集中采购发展的关键原因。❺祝琳海指出，标准和完整的流程是铁道物资集中招标采购的前提，只有在这个前提基础上应用电子商务的手段才能为相关企业创造更大价值。❻

6.20.4　实务提示

集中采购是在长期实践中提出的采购模式的改革与创新，在法律层面得到进一步保障的前提下，还需要企业及供应商等相关方共同努力，方能构建完善的统一管理机制。

中国人民大学教授黄国雄曾指出，集中采购管理要细分为采购组织管理、采购信息平台和采购业务流程三个方面，物资编码问题、规章制度问题、供应商管理制度问题、部门职责问题和公开招标透明化等问题，每个环节都要处理妥当，都需要企业依据自身情况进行探索，科学细化制度与流程。如果采购管理部门监管无效、采购管理信息化程度不够，或者企业缺乏相应的激励措施，集中采购也

---

❶ 张红岩，《基于博弈论的集中招标采购机制研究》，北京交通大学博士毕业论文，2007年。

❷ 李宪法，《药品集中招标采购现状评估与发展趋势》，载于《中国医院管理》，2004年第2期，第18页至第19页。

❸ 伍杰雄，《对当前医疗机构药品集中招标采购工作的思考》，载于《中国药房》，2004年第1期，第4页至第5页。

❹ 吴丽群，《对完善药品集中招标采购工作的再思考》，载于《价格理论与实践》，2003年第5期，第48页至第49页。

❺ 周新宇、于辉，《论我国政府采购运行机制的进一步完善》，载于《财金贸易》，2000年第8期，第13页至第15页。

❻ 祝琳海，《采购与e化采购：要为企业创造更大价值——访中国铁路物资总公司总经理齐晓敏》，载于《铁道物资科学管理》，2003年第4期，第4页至第6页。

可能达不到理想的效果。

6.20.5 立法建议

目前现行《招标投标法》夫明确集中采购的法律地位，尤其是在配套实施中，工程、货物、服务等标准范本及合同指导均是在考虑单个项目招标模式下制定的，建议后续根据实际经验，进一步完善相关法律、法规、指导性文件，以推动招标投标行业及其对应的供应链管理同步升级。

6.21　案例 42　关于评标专家意见分歧的处理与认定

6.21.1　案情描述

某公开招标项目评标委员会由招标人代表 1 人和外聘专家 4 人组成，外聘专家从评标专家库中随机抽取产生。评标环节，对某投标人 A 公司的技术方案是否满足招标文件要求问题，其中招标人代表 B 和另一位专家 C 与其余专家持不同意见，招标人代表 B 认为 A 公司提供的技术方案中某部分采用的工艺，不符合招标文件的技术要求，C 专家表示认同其看法，其余三名专家则认为 A 公司该部分技术方案采用的工艺满足本项目实施要求，且招标文件并未对该工艺明确规定，以技术重大偏差项予以否决依据不充分。

最终，经过综合评审打分，A 公司综合得分最高，招标人代表 B、专家 C 对评标结果不予认可，评标报告中对此进行相应说明，但仍采用多数专家意见推荐 A 公司为第一中标候选人。

6.21.2　焦点问题

（1）评标专家出现意见分歧的情况如何处理？

（2）招标人收到的评标报告中，遇到专家对报告有保留意见的情况，应如何处理？

6.21.3　法律分析

（1）评标专家出现意见分歧时，如始终无法达成一致，应在评标报告中如实记录情况并详细说明原因。

根据《评标委员会和评标方法暂行规定》第四十三条规定，"评标报告由评标委员会全体成员签字。对评标结论持有异议的评标委员会成员可以书面方式阐述其不同意见和理由"，由此可知，法律规定评标委员会成员具有表达不同意见的权利和路径，即以书面方式阐述其不同意见和理由。

对于拒不承认评标结果又不出具书面说明的，应按上述同条款"评标委员会成员拒绝在评标报告上签字且不陈述其不同意见和理由的，视为同意评标结论"执行。

（2）招标人收到的评标报告中，若存在专家对报告有保留意见的情况，可对专家意见进行核实，并以此为依据进行考量。

《招标投标法实施条例》及《评标委员会和评标方法暂行规定》中均规定，"国有资金占控股或者主导地位的依法必须进行招标的项目，招标人应当确定排名第一的中标候选人为中标人"。该法律规定实际上赋予了评标委员会较大的定标权利，在国有资金占控股或者主导地位的依法必须进行招标的项目中，招标人定标的权利限制在评标报告推荐的候选人范围内。

本案中，为保证招标质量和后期运营效果，招标人作为项目的实施主体，可以采取调研、进一步论证、申请评标委员会复议等方式进行核实。

6.21.4　实务提示

在实务中，评标报告应具有评标委员会全体成员的签字。如果存在对评标结论和建议持有异议的评标委员，可以采用书面方式阐述其不同意见和理由。

若评标委员会成员拒绝在评标报告上签字且不陈述其不同意见和理由，我国法律已经明确规定该行为视为同意评标结论和建议，因此，评标委员会负责人应当对此作出书面说明并记录在案。

6.22　案例 43　关于评标专家能否以个人经验判定投标文件造假的认定

6.22.1　案情描述

某火电厂设备招标项目，招标文件在投标人资格条件中要求投标人须具有近三年 1000MW 及以上机组的同类设备供货业绩，并要求提供合同等相关证明。投标人 A 提供了某电厂供货业绩及合同相关页复印件作为证明材料，评标专家从多年工作经验角度断定，A 电厂的装机容量仅为 600MW，投标人提供的供货业绩系造假，拟否决该投标人的投标。

6.22.2　焦点问题

评标过程中，专家能否以个人从业经验判断投标人业绩造假行为？

6.22.3　法律分析

（1）专家的个人经验仅限于在投标人所递交投标文件范围内，对其经济、技术能力给予综合评定，不应超出上述范围。

专家以个人从业经验判断投标文件业绩造假的情形，属于未按照招标文件的规定进行审查，仅从行业视角对投标文件的真实性作出审定。根据《评标委员会和评标方法暂行规定》第十七条规定，"评标委员会应当根据招标文件规定的评标标准和方法，对投标文件进行系统的评审和比较。招标文件中没有规定的标准和方法不得作为评标的依据"。因此，基于个人经验可能过时或不准确等审慎角度考虑，专家不应仅以自身经验为由，认定投标文件造假。鉴于专家的怀疑具有部分事实基础，故应将相关事由写明在评标报告中，向招标人充分揭示风险。

（2）评标委员会具有自由裁量权，该自由裁量权有利于弥补法律滞后性、提高行政效率。

评标自由裁量权是赋予评标委员会在招标法律法规的限度内，对评标事项进行处理的一种权利。评标委员会在以下五个方面拥有自由裁量权：第一，对投标文件约定事项的重大偏差和细微偏差的判定；第二，对投标报价低于成本的判定；第三，对投标人响应程度的判定；第四，对少于三家有效投标人的判定；第五，对投标人澄清有效性的判定。❶前述评标委员的自由裁量权并非任意裁量权，而是受到立法、程序以及评标委员会规则、道德等限制。

赋予评标委员会一定的自由裁量权具有若干益处，简要列举如下：

首先，评标委员会的自由裁量权可以弥补法律的滞后性，即自由裁量权的行使系建立在立法没有明确规定或者缺乏可操作性的规定的前提下。由于立法较难穷尽实践中发生的各类招标投标事项，故一定程度和范围内的自由裁量权可以有效弥补我国招标投标法律滞后性的问题。

其次，自由裁量权可以有效提高行政效率。评标活动中的评标内容范围广和涉及问题复杂性决定了法律必须为评标委员会设置自由裁量的空间，使他们能够根据客观实际情况和法律理性判断，灵活及时地处理各类评标事务，以确保招标投标活动的健康运行。❷

（3）评标委员会的自由裁量权存在滥用的风险，应予以控制。

评标委员会自由裁量权的滥用具有三个方面的原因：首先，评标标准规定了自由裁量权的范围和幅度，但弹性空间过大也为其滥用提供了可能；其次，评标委员会成员可能受到应该回避但未回避的利益关系的干扰，进而利用其自由裁量权作出不公正、不客观的评标结果；最后，评标委员会作出的评标结果可能存在较为片面的风险，即未对各种因素进行综合考虑和判断，仅利用片面数据作出判断。

鉴于自由裁量权可能存在被滥用的风险，故应通过立法层面进行控制和管理。

❶　陈川生，《论评标委员会的地位、作用和法律责任》，载于《中国招标》，2010年第44期，第10页至第13页。
❷　柯洪、李英一，《评标过程中自由裁量权的存在空间及控制路径》，载于《武汉理工大学学报》，2012年第3期，第357页至第361页。

6.22.4　实务提示

实际操作中，为进一步保证投标人的合法权益以及向招标人提供更为充分的判定依据，建议就专家基于经验怀疑造假事项向投标人发出澄清，通过投标人解释说明，一方面可减少专家误判风险，另一方面便于招标人后续进行可能需要的调查工作。

另外，针对评标委员会自由裁量权的监督问题，首先应确保评标委员会以招标人的名义依法独立评标，即依照招标文件对评标文件进行评审、比较和推荐。其次，应在评标行政系统内部设立专门的监督机构，依法对评标委员会评标程序的合法性进行监督，但不能干预评标活动。

6.22.5　立法建议

我国现有法律法规中有关评标委员会管理的弹性条款过多，且可操作性不强，导致评标委员会自由裁量权过大。因此，今后的法律修订过程中，对于评标委员会的管理应进行集中梳理和细化，包括但不限于压缩自由裁量权的具体条文，进而达到监督和指导实际评标活动的目的，体现公平公正的立法宗旨和精神。

6.23 案例44 关于重新评标处理事宜的案例

6.23.1 案情描述

某依法必须进行招标的设备采购项目公开招标过程中，招标人按照评标报告中推荐的排名前三位的投标人进行了中标候选人公示，公示期排名第二的中标候选人A公司提出异议，认为本项目所采购的设备装置，国内仅A公司多项自主研发专利技术能达到要求，排名第一的中标候选人B公司设备即便满足要求，也是仿制A公司专利，侵害A公司的权利。其次，B公司投标价格高于A公司。因此，A公司认为B公司的产品设备不符合本次招标采购要求，对评标过程提出质疑，要求招标人重新评标。

招标人经查阅文件，认为B公司投标文件中提供的技术参数及说明能满足项目使用要求，为保证后续工程进度，招标人认为无须履行重新评标程序。

6.23.2 焦点问题

（1）对投标人在法定异议时间段提出的重新评标的要求，招标人是否必须履行重新评标程序？

（2）重新评标是否必须重新组建评标委员会？

6.23.3 法律分析

（1）重新评标的启动需要符合法律规定的情形，投标人异议不是重新评标程序的必然条件。

我国相关法律法规对于需要重新招标或者评标的情形作出了明确规定。《招标投标法》第六十四条规定，"依法必须进行招标的项目违反本法规定，中标无效的，应当依照本法规定的中标条件从其余投标人中重新确定中标人或者依照本法重新进行招标"。《招标投标法实施条例》第八十一条规定，"依法必须进行招标的项目的招标投标活动违反招标投标法和本条例的规定，对中标结果造成实质性影响，且不能采取补救措施予以纠正的，招标、投标、中标无效，应当依法重新招标或者评标"。

根据前述条款规定，若存在"依法必须进行招标的项目的招标投标活动违反招标投标法和本条例的规定，对中标结果造成实质性影响，且不能采取补救措施予以纠正的"情形的，招标人方启动重新招标或评标程序。

本案中，投标人在法定异议时间段提出了异议，但需核实该种异议能否成立，且是否对中标结果造成实质性影响，且不能通过其他措施予以补救，方可确定是否启动重新评标或招标程序。

（2）需要区别重新评标和重新招标的情形。

根据招标投标有关法律法规规定，重新评标和重新招标对应的前提条件有所不同。当评标无效时，应当重新评标。根据《招标投标法实施条例》第四十八条、七十条规定，如评标委员会组成及其评审活动违反法律或行政法规的，则需重新进行评审。

中标无效是招标人、投标人及招标代理机构在招标投标过程中有不当行为的法律后果之一，这些不当行为主要包括：串通投标、以行贿手段谋取中标、以他人名义投标或弄虚作假、骗取中标、招标人违法与投标人就实质性内容进行谈判、影响中标结果等。从前述各法律法规中可以看出，中标无效后，既可选择重新招标，也可选择重新评标。

（3）招标人对是否继续使用原评标委员会或重新组建评标委员会具有决定权。

《招标投标法实施条例》第八十一条规定，"依法必须进行招标的项目的招标投标活动违反招标投标法和本条例的规定，对中标结果造成实质性影响，且不能采取补救措施予以纠正的，招标、投标、中标无效，应当依法重新招标或者评标"。前述条款仅对重新评标情形作出规定，但未明确是否需要更换评标委员会，建议根据实际情况决定是否重新组建评标委员会。

6.23.4　立法建议

根据《招标投标法》和《招标投标法实施条例》等法律法规的规定，招标投标活动中，在一定条件下，可能会启动重新招标或者重新评标程序。然而，对于重新招标适用的具体条件、主体、程序等并没有明确。各地招标投标立法实践中，对于重新评标，部分地方创设了复核程序。招标投标活动中，适当地选择复核、重新评标、重新招标对于维护招标投标活动的公平性、合法性具有重要的意义。

6.24　案例 45　关于能否依据网络查询的投标人行政处罚信息否决其投标的认定

6.24.1　案情描述

　　某货物招标项目，招标文件参照国家招标文件范本规定将投标人资格要求设置为，"投标人不得存在下列情形之一：在近三年内发生重大产品质量问题（以相关行业主管部门的行政处罚决定或司法机关出具的有关法律文书为准）"。评标过程中，有匿名邮件提出从公开网络渠道查询到投标人 A 公司曾在近三年内受到行政处罚的情况，要求提请评标委员会否决 A 公司的投标。

　　针对上述问题，有观点认为，评标委员会应仅以招标文件作为评审依据、以投标文件作为评审对象，其他信息不予考量；还有观点认为，投标人不会主动披露对自身不利的信息，故应将那些可以从国家官方网站上查询到的行政处罚等相关信息作为评审依据，以保证评标的准确性。

6.24.2　焦点问题

　　从网上查询到的行政处罚等相关信息是否可以作为否决投标人投标的评审依据？

6.24.3　法律分析

　　从网上查询到的行政处罚等相关信息不建议作为否决投标的评审依据。

　　《评标委员会和评标方法暂行规定》第二十二款规定，"投标人资格条件不符合国家有关规定和招标文件要求的，或者拒不按照要求对投标文件进行澄清、说明或者补正的，评标委员会可以否决其投标"。同时，《招标投标法实施条例》第四十九条第一款规定，"评标委员会成员应当依照招标投标法和本条例的规定，按照招标文件规定的评标标准和方法，客观、公正地对投标文件提出评审意见。招标文件没有规定的评标标准和方法不得作为评标的依据"。结合上述两个条文的规定综合判断可知，评标委员会不得超出招标文件规定的评标办法进行评审。

6.24.4　实务提示

实务中，招标文件中一般应将从网上查询到的行政处罚等相关信息的获取渠道进行严格界定，尤其是对不同网站上存在信息不一致时如何处理和判断的规则进行明确规定，以避免不必要的纠纷。

6.25　案例 46　关于投标文件与网络查询资质有效期不一致的处理

6.25.1　案情描述

在某施工项目（依法必须进行招标项目）评审过程中，评标委员会发现投标人 A 公司在本项目中拟委派的项目负责人甲某的二级建造师资质证书显示已过期。项目经理从住房和城乡建设部官方网站上查询发现，甲某的二级建造师资质已经续期、现仍处于有效期内。

对于甲某是否满足招标文件规定产生不同意见。有观点认为，应以 A 公司投标文件中所提供甲某的二级建造师资质证书上载明的有效期为准；另一观点认为，甲某的二级建造师资质证书已经续期，因此应以实际情况为准。

6.25.2　焦点问题

投标文件显示投标人资质过期而网上查询实际未过期时如何处理？

6.25.3　法律分析

（1）依法必须进行招标的施工招标项目中，应当严格依照投标文件反映出的信息进行评审，不得引用从其他渠道获取的信息将其变更为符合资格条件要求。

在招标文件允许的前提下，根据《工程建设项目施工招标投标办法》第五十一条规定，"评标委员会可以书面方式要求投标人对投标文件中含义不明确、对同类问题表述不一致或者有明显文字和计算错误的内容作必要的澄清、说明或补正。评标委员会不得向投标人提出带有暗示性或诱导性的问题，或向其明确投标文件中的遗漏和错误"，施工项目澄清时不得向投标人透露其资质条件中存在的遗漏。

考虑到本案中甲某叙有可能是未附上最后一页续期页，此种情形属于投标文件遗漏，故不得向其发出澄清。

（2）施工项目中，评标委员会应当以投标文件反映出的信息为准进行评审。

施工项目中，评标委员会应当以投标文件反映出的信息为准进行评审。《工程建设项目施工招标投标办法》第五十二条规定，"投标文件不响应招标文件的实质性要求和条件的，招标人应当拒绝，并不允许投标人通过修正或撤销其不符合要求的差异或保留，使之成为具有响应性的投标"。

本案中，即便从官方网站上查询到甲某的二级建造师资质已经续期，也无法改变A公司所提交投标文件不满足招标文件资格条件这一客观事实。

6.25.4 实务提示

实务中，招标人对投标人的资格审查，主要是对其资质证书及其相关证件的审查，例如安全生产许可证、营业执照、项目经理的资质证书等。为避免对审查程度的理解存在分歧，建议在招标文件中明确投标人资质文件应以提交的版本为准。

6.26　案例 47　关于电子投标文件模糊不清时是否可以发出澄清的认定

6.26.1　案情描述

　　某货物招标项目（非依法必须进行招标项目）以电子招标投标方式进行，投标人 A 公司通过电子采购平台上传的投标文件中，合同业绩部分存在图片模糊不清的情况，评标委员会无法通过直接观察图片扫描件确认 A 公司业绩的签订时间，因而无法确认其是否满足资格条件要求。

　　对于本案中评标委员会能否发出澄清要求投标人提供清晰文件，存在不同看法。有观点认为，投标文件是评标委员会唯一的评审对象，一经开标不得变更或新增；还有观点认为，此种情况下要求 A 公司提供清晰度更高的版本并不会导致投标文件新增内容，并无违法之处。

6.26.2　焦点问题

　　投标文件中图片扫描件模糊不清（例如，合同签订时间、数量、规格、金额等关键信息不清楚导致无法作出准确认定）时，是否可以发出澄清并要求投标人提供清晰版本？

6.26.3　法律分析

　　依法必须进行招标的货物招标项目，与依法必须进行招标的施工项目处理方法相同，均只能以投标文件所反映出的实际信息和情况为准，不得通过澄清将投标文件修正为满足资格条件要求。

　　相关法律规定见于《工程建设项目货物招标投标办法》第四十二条，"评标委员会可以书面方式要求投标人对投标文件中含义不明确、对同类问题表述不一致或者有明显文字和计算错误的内容作必要的澄清、说明或补正。评标委员会不得向投标人提出带有暗示性或诱导性的问题，或向其明确投标文件中的遗漏和错误"，该办法第四十三条还规定，"投标文件不响应招标文件的实质性要求和条件的，评标委员会应当作废标处理，并不允许投标人通过修正或撤销其不符合要求的差异或保留，使之成为具有响应性的投标"。投标人提交投标文件不清晰导致评标委员会无法整体核实其是否符合招标文件要求，可能构成未响应招标文件实质性要求和条件的情形，根据前述规定，原则上不宜通过澄清要求其提供新的业绩文件。

6.26.4　实务提示

为避免本案中情形发生，建议投标人在实务中除重视投标文件的内容外，还应对投标文件的格式、图片清晰度等外观内容进行审查，确保投标文件信息传达的准确性。

6.27　案例48　关于电子投标文件完整性的认定

6.27.1　案情描述

　　某项目采用电子招标方式进行采购，共有八家公司参与投标。在本项目中，根据招标文件和电子招标投标交易平台的要求，投标人应当分别上传商务文件、技术文件和价格文件三个压缩包，评标委员会成员在评审时分别对上述三个压缩包进行解压操作后方能评标。某投标人A公司将其商务文件、技术文件和价格文件整体做成一个压缩包文件上传至平台"商务文件"对应目录中，其他两个压缩包为空。

　　对是否应当否决A公司的投标存在不同看法。有观点认为，A公司未按照平台技术要求进行上传操作，属于未实质响应投标；还有观点认为，平台操作技术规则虽应遵守，但只要投标文件完整即可，故不应否决A公司的投标。

6.27.2　焦点问题

　　是否应当否决A公司的投标？

6.27.3　法律分析

　　（1）若招标文件无特别规定情况下，不应当否决投标。

　　评标委员会在投标人资格审查环节应以招标文件规定的评标标准和方法作为审查依据、以投标人递交的投标文件作为审查对象。根据《招标投标法实施条例》第四十九条第一款规定，"评标委员会成员应当依照招标投标法和本条例的规定，按照招标文件规定的评标标准和方法，客观、公正地对投标文件提出评审意见。招标文件没有规定的评标标准和方法不得作为评标的依据"，因此，电子采购平台在用户使用协议中所载明的操作技术规范只是平台运营方对于使用方行为的一种管理行为，与招标投标活动无关。

（2）在电子招标投标场合下，投标人应当遵守电子采购平台的操作技术规范。

在电子招标投标场合下，投标人应当遵守电子采购平台的操作技术规范。根据《电子招标投标办法》第二十六条规定，"电子招标投标交易平台应当允许投标人离线编制投标文件，并且具备分段或者整体加密、解密功能。投标人应当按照招标文件和电子招标投标交易平台的要求编制并加密投标文件。投标人未按规定加密的投标文件，电子招标投标交易平台应当拒收并提示"，上述法律规定对于投标人不遵守技术规范的行为并未明确列举为可以导致投标无效的情形，但同时规定了电子招标投标平台的拒收权利和提示义务。

本案中，电子采购平台运营方未对A公司投标文件进行拒收，且A公司的投标文件实际上包含了招标文件要求的全部内容，故不宜贸然否决该投标。

6.27.4 实务提示

为避免对电子招标投标技术问题的理解存在歧义，进而导致招标投标程序出现瑕疵，实务中，建议招标人在招标文件中对可能存在的"未实质性"响应投标的情形以及其他投标瑕疵行为作出列举。在发生类似情况时，应根据招标文件预先设定的规则进行妥善处理。

6.28 案例 49 关于电子招标重新招标时是否应再次交纳标书款的认定

6.28.1 案情描述

某工程施工招标项目以电子招标投标方式进行，第一次招标时共有七家单位付款购买招标文件。由于工程范围受政府审批影响发生变更，故招标人决定终止招标。招标终止后，招标人同时启动第二次招标活动并在第一时间通知上一次招标中购买招标文件的上述七家单位再次参与。

对于是否应当再次收取上述七家单位的标书款这一问题，产生不同看法。一方观点认为，两次招标活动间关联紧密、标书变化范围不大且上述七家单位在第一次招标时已支付过标书款，故他们不需要再次付款购买；另一方观点认为，两次招标活动间相互独立，投标人参与不同的招标投标活动时当然应该根据规定付款购买标书。

6.28.2 焦点问题

电子招标终止后重新招标时，已参与前次招标活动的投标人是否应该再次交纳标书款？

6.28.3 法律分析

招标人在第一次招标失败并终止后应当退还已收取的标书款，不宜在未与投标人进行沟通并取得后者同意的情况下直接将第一次招标的标书款冲抵第二次招标的标书款。

该做法的法律依据为《招标投标法实施条例》第三十一条规定，"招标人终止招标的，应当及时发布公告，或者以书面形式通知被邀请的或者已经获取资格预审文件、招标文件的潜在投标人。已经发售资格预审文件、招标文件或者已经收取投标保证金的，招标人应当及时退还所收取的资格预审文件、招标文件的费用，以及所收取的投标保证金及银行同期存款利息"。

6.28.4 实务提示

标书款或称标书费用，包括招标人或其招标代理机构发售资格预审文件和招标文件时所收取的费用。《招标投标法实施条例》第十六条第二款规定，"招标人发售资格预审文件、招标文件收取的费用应当限于补偿印刷、邮寄的成本支出，不得以营利为目的"。然而，实践中，部分招标人或招标代理机构以招标文件费用作为增加收入的一种方式，利用投标人期待参与投标的心理，随意制定过高的标书费用，且这一过高的标书费用最终将间接转入项目中标金额中，损害国家和集体利益。

建议招标人或招标代理机构应当严格遵守法律规定，尤其注意程序上的合规性，落实标书费用不得以营利为目的的规定，统筹考虑招标项目的复杂程度、标书内容的多少、印制的规格及份数、邮寄的距离远近等情况，制定一个符合实际、合情合理的收费金额。

6.29　案例50　关于投标人不足三家时投标竞争性的认定

6.29.1　案情描述

某货物采购公开招标项目，有四家投标人参与了该项目的投标，评标过程中，报价较低的两家投标人分别由于不符合招标文件资格要求及技术参数要求而未通过初步评审，剩余两家报价较高。

评标委员会中的招标人代表认为，剩余两家投标人在项目地所处区域及行业内较有名，供货的货物参数及供货期等主要要素均能满足招标文件要求，且报价略低于市场上同类产品报价，可以认为其具有竞争性，并且考虑到重新招标供货期限不满足工程要求的因素，建议评标委员会对该项目继续评标；部分专家认为，剩余的两家投标人报价为高价，从已被否决的投标人报价来看，同类产品市场报价可能低于剩余的两家单位的报价，从谨慎角度考虑，建议否决所有投标人的投标，后续采取重新招标的形式。

6.29.2　焦点问题

评标环节通过初步评审的投标人不足三家的情况下，如何判断剩余投标人是否具有竞争性？

6.29.3　法律分析

（1）法律并未对"投标竞争性"的衡量标准作出明确规定，需要评标委员会综合判断。

我国法律仅规定在有效投标人不足三个时，要对其竞争性进行判断，但对于如何判断"竞争性"，并未在法律层面进行明确。相关法律规定见于《评标委员会和评标方法暂行规定》第二十七条，"因有效投标不足三个使得投标明显缺乏竞争的,评标委员会可以否决全部投标"。根据该规定,在有效投标人不足三个时,评标委员会应首先对投标竞争性进行判断,若明显缺乏竞争性,评标委员会可否决所有投标;如果存在竞争性,评标委员会应当继续评标。

实践中,多数招标人或招标代理机构将投标人数量作为判断竞争性的第一标准,该做法的法律依据为《招标投标法》第二十八条,"投标人应当在招标文件要求提交投标文件的截止时间前,将投标文件送达投标地点。招标人收到投标文件后,应当签收保存,不得开启。投标人少于三个的,招标人应当依照本法重新招标",实践中评标委员会为规避风险,可能在有效投标不足三个时直接否决投标,由招标人重新招标,此种做法可能影响项目进度,直接导致招标投标程序的效率受损。

目前招标投标相关法律法规未对竞争性判定制定衡量标准,然而是否具有竞争性直接决定了招标活动的下一步走向,建议综合考虑投标文件及招标项目实际情况,尽量避免直接重新招标,或放宽条件导致竞争性不足的单位中标等极端情形;同时建议法律综合各类适用情况,从宏观层面进一步给予竞争性判定的指导。

(2)对于"竞争性"的判断,可以参考世界银行的相关规定。

世界银行《采购指南》第2.61款规定,"招标文件中通常规定借款人可拒绝所有投标。拒绝所有投标只有在缺乏有效竞争,或投标书未对招标文件作出实质性响应,或投标价大大高于现有预算的情况下才是正当的。但是,缺乏竞争性不应仅仅以投标人的数量来确定。如果招标广告的刊登令人满意,而所报的价格与市场价格相比是合理的,即使只有一份投标书,招标过程也可以被认为有效"。

从以上规定可以看出,世界银行对于投标竞争性的判断,并未单纯考虑投标数量,而是结合招标方发布的公告、价格、市场水平等进行综合衡量。招标文件的发售和接受投标的过程,系从程序上来进行判断。只要公告的媒体和时间符合程序要求,在文件发售和接受投标过程中没有违法行为,独家投标也是被认为具有竞争性的。

我国招标采购模式是在世界银行贷款要求受援国必须通过以竞争性招标程序为主的方式签订采购合同,才能使用资金的背景下产生的。因此,理解和借鉴世界银行的采购逻辑对优化我国招标投标法律体系有着极为重要的意义。

单从竞争性判断来看，世界银行《采购指南》具有易于操作的特性，考虑我国在实际招标投标活动中，因项目投标人不足三家而否决所有投标的情况日益增多，给招标人带来程序复杂化及招标效率降低等问题，建议从立法层面予以规范。

6.29.4　实务提示

（1）建议对项目开标情况进行分析。

投标人是否在规定的时间和地点参与投标应答、投标人是否达到法定数量可以正常进行开标流程等开标实际情况，是竞争性判断的首要因素。若项目为公开采购项目，且正常开标，则初步判断可以满足竞争性的条件；若项目为邀请招标项目，即使正常开标，也存在较易获取参与投标的供应商数量及名称的风险，可能产生围标风险，相对来说，该种方式的"竞争性"较弱。

（2）建议对招标文件的合理合法性进行分析。

招标文件是否合理合法影响整个招标的公平性，例如存在以不合理条件排斥潜在投标人的情况等问题导致招标活动从源头上不具有竞争性，此种情况下，修改招标文件并重新招标是合理的。

（3）建议对投标价格进行分析。

分析可能中标的投标价格在投标人所有报价中的情况，以及其投标价格与市场价格的对比情况，对招标人顺利实现采购有重要作用。假如剩余有效投标人报价合理，无显著超出所有投标人报价区间，且对比市场价格及招标人预算价格均有降低，可以认为该情况下投标价格具有一定竞争力，而重新招标反而可能由于增加投标人成本，成本转嫁至招标人。

（4）综合分析各种评判维度，科学作出判断。

实务操作过程中，建议综合考虑投标文件及招标项目实际情况，综合分析各类不同评判维度，结合可能存在的各类风险，作出科学合理的判断，进而最大程度保障招标人及投标人的合理利益，避免贸然否决或放宽条件导致竞争性不足的单位中标等极端情形，创造良性健康的招标采购竞争氛围。

6.30　案例 51　关于投标人经营、财务状况发生较大变化的处理

6.30.1　案情描述

某采用资格预审方式进行的公开招标项目，A、B、C 三家公司通过了资格预审，在下阶段评标时，A 公司在投标文件中提出书面申明，公司在通过资格预审至递交投标文件截止时间，有分立行为，即 A 公司剥离一部分资产组成一家独立公司，A 公司原有股东结构保持不变。申明中同时提出，公司虽然剥离了一部分资产，但该部分资产及涉及业务与本次投标无关，不影响本次投标的履约能力。

评标委员会认为对 A 公司履约能力的核实，应提请原资格审查委员会评定，当前阶段招标文件中未对相关事项及审查标准给予说明，评标委员会不具有核实 A 公司履约能力的权利和义务。

基于 A 公司是否仍满足该项目资格要求直接决定当前阶段评标能否继续进行，评标委员会提请招标人暂停招标活动，并由招标人提请原资格审查委员会对 A 公司履约能力进行重新审查。

6.30.2　焦点问题

对通过资格预审的投标人的经营、财务状况发生较大变化的情况应如何处理？

6.30.3　法律分析

对通过资格预审的投标人的经营、财务状况发生较大变化的情况，应根据告知招标人相关情况的时间不同，做不同处理。

根据《招标投标法实施条例》第三十八条规定，"投标人发生合并、分立、破产等重大变化的，应当及时书面告知招标人。投标人不再具备资格预审文件、

招标文件规定的资格条件或者其投标影响招标公正性的，其投标无效"，同时第四十三条规定，"提交资格预审申请文件的申请人应当遵守招标投标法和本条例有关投标人的规定"，由此可以判定，提交资格预审申请文件的申请人发生合并、分立、破产等重大变化的，应当及时书面告知招标人。参考《招标投标法实施条例释义》❶，招标人可根据知晓相关重大变化事项所处时间点，分别处理：

情况一：通过资格预审的申请人在提交投标文件前发生类似本案重大变化的，招标人可按相关法律程序提请原资格审查委员会进行重新审查确认，通过复核确认是否需要邀请其他参与资格预审的潜在投标人投标，以保证竞争的充分性。

情况二：在评标阶段投标人发生类似本案重大变化的，招标人可以及时告知评标委员会，由评标委员会依据资格预审文件或者招标文件对投标人的资格条件进行复核，并对是否影响招标的公正性进行评估。

情况三：评标结束后投标人发生类似本案重大变化的，招标人可以根据《招标投标法实施条例》第五十六条的规定，组织原评标委员会根据资格预审文件或者招标文件，对中标候选人的履约能力进行审查，依法维持原评标结果或者重新确定中标候选人。

根据《招标投标法实施条例》第五十六条规定，"中标候选人的经营、财务状况发生较大变化或者存在违法行为，招标人认为可能影响其履约能力的，应当在发出中标通知书前由原评标委员会按照招标文件规定的标准和方法审查确认"，招标人有权就可能影响投标人履约能力的经营、财务等发生变化的情况提请原评标委员会审查确认。

基于本案中投标人向招标人说明情况时间点处于评标阶段，可由评标委员会依据资格预审文件或者招标文件对投标人的资格条件进行复核。

6.30.4　实务提示

值得注意的是，本案中申请人 A 公司依照法律提交相关说明，符合法律规定，如申请人 A 公司未向招标人说明，招标人自己或通过其他投标人异议发现该情况，

---

❶　参见《招标投标法实施条例释义》，国家发展和改革委员会法规司等编著，中国计划出版社，2012 年，第 99 页至第 102 页。

认为可能影响其履约能力，也应按上述程序重新审查。

例如，在投标前审查结论是 A 公司不再符合招标文件资格要求，招标人应按照《招标投标法实施条例》第十九条的规定，"通过资格预审的申请人少于 3 个的，应当重新招标"，视为本项目第一次招标失败，履行重新招标程序。

再如，在投标期间审查结论是 A 公司不再符合招标文件资格要求，评标委员会应按照《评标委员会和评标方法暂行规定》第二十七条规定，"因有效投标不足三个使得投标明显缺乏竞争的，评标委员会可以否决全部投标。投标人少于三个或者所有投标被否决的，招标人应当依法重新招标"，判定评标是否继续。

另如，在评标结束后审查结论是 A 公司不再符合招标文件资格要求，且 A 公司为排名第一中标候选人，招标人可按照《招标投标法实施条例》第五十五条规定，"排名第一的中标候选人放弃中标、因不可抗力不能履行合同、不按照招标文件要求提交履约保证金，或者被查实存在影响中标结果的违法行为等情形，不符合中标条件的，招标人可以按照评标委员会提出的中标候选人名单排序依次确定其他中标候选人为中标人，也可以重新招标"，开展后续工作。

6.31 案例 52 关于投标人财产被冻结是否应否决投标的认定

6.31.1 案情描述

某公开招标的项目，评标委员会按综合得分顺序推选排名前三的 A、B、C 三家投标人为中标候选人，公示期间，B 公司向招标人提出异议，据 B 公司了解，A 公司在某项目建设中与合同对方产生纠纷，目前有 100 万元财产被冻结。B 公司认为 A 公司有不良记录，不具有中标候选人资格。

招标人在收到异议后，鉴于财产被冻结属于可能影响投标人履约能力的情况，提请原评标委员会对 A 公司进行重新审核。经审核，A 公司因法律纠纷导致有 100 万元财产处于被冻结状态，但 A 公司注册资金 5 亿元，具有相当强的实力，且招标文件并未约束投标人不能处于财产被冻结的状态，原评标委员会认为 B 公司对 A 公司履约能力的质疑不成立，维持原评标结果。

6.31.2 焦点问题

投标人财产被冻结，是否应作为否决其投标的依据？

6.31.3 法律分析

投标人财产被冻结，是否应作为否决其投标的依据，应根据财产被冻结的具体情况以及招标文件规定来分析。

关于投标人财产被冻结的说法，来源于《〈标准施工招标资格预审文件〉和〈标准施工招标文件〉暂行规定》，其要求依法必须招标的工程建设项目的施工项目应不加修改地引用相应《标准施工招标文件》中"申请人须知"和"投标人须知"部分，其中"投标人资格"部分明确提出投标人不得出现财产被接管或冻结的情况，因此对于依法必须招标的工程建设项目，如招标文件在投标人资格条件中对投标人不得出现财产被冻结情况有明确要求，则评标委员会应按照约定否决其投标，如无明确约定，则不应否决。

对于非必须招标的二程项目，《招标投标法实施条例》第四十九条规定，"评标委员会成员应当依照招标投标法和本条例的规定，按照招标文件规定的评标标准和方法，客观、公正地对投标文件提出评审意见。招标文件没有规定的评标标准和方法不得作为评标的依据"，评标委员会的评审依据为《招标投标法》及《招标投标法实施条例》以及招标文件。鉴于《招标投标法》及《招标投标法实施条例》并未明确禁止投标人存在财产被冻结情况，如招标文件对投标人的财产状况未有明确约定的情况下，评标委员会不得擅自否决其投标。

在招标文件对投标人财产状况提出特殊要求的情况下，还需结合其具体表述进行分析，例如，本案中招标文件资格要求设置时若表述为"投标人不得出现全部财产被冻结的情况"，则可能产生不同分析结果。

具体来说，本案投标主体出现的是部分财产被冻结的情况，因此招标人或其委托的评标委员会应综合考虑部分财产被冻结是否影响其履约能力，在不影响后续履约能力的情况下，否决其投标是没有依据的。

因此，考虑到财产被冻结后果的复杂性，建议除法律约束列明的必须使用该条款的情况，不在招标文件资格条件中做硬性约定，或根据招标项目要求量化不允许被冻结财产的数额。

6.31.4 实务提示

从本案可见，资产被冻结情况较为复杂，对招标项目影响程度不一，建议从扩大有效投标人范围、提高招标效率的角度考虑，避免在招标文件资格条件中作出强制性的规定，而主要从中标人是否具有履约能力的角度进行考量。

随着市场竞争越来越激烈、市场主体法律意识逐步提高，更多的市场主体不可避免地会主动或者被动地牵涉进各种司法纠纷中，仅财产被冻结并不一定代表该投标主体不具备履约能力。若在招标文件中以"一刀切"的方式限定该类投标人的投标，在实际过程中可能排除部分有竞争力的企业参与招标投标活动，降低招标投标效果。

如确实遇有投标人大量资产被冻结以致招标人认为其可能不具备履约能力的

情况，招标人可按照《招标投标法实施条例》第五十六条的规定，"中标候选人的经营、财务状况发生较大变化或者存在违法行为，招标人认为可能影响其履约能力的，应当在发出中标通知书前由原评标委员会按照招标文件规定的标准和方法审查确认"，以中标候选人财务状况发生较大变化为由提请原评标委员重新审查，从而平衡招标效率与项目后续实施风险的矛盾。

6.32 案例53 关于招标人代表作为评标专家参与评标的认定

6.32.1 案情描述

某项目招标过程中，招标人和相关监督部门就招标人代表能否进入评标委员会产生不同意见。招标人认为，《招标投标法》已经赋予招标人委派招标人代表进入评标委员会的权利，且招标人代表熟悉项目情况，故招标人可委派招标人代表进入评标委员会；监督部门认为，招标人代表作为项目执行人，被卷入私利的可能性大，进入评标委员会参与评标，存在引导其他专家的风险，为尽可能保证评标工作的公平公正，不同意招标人代表作为专家参与评标。

6.32.2 焦点问题

（1）招标人代表作为专家参与评标是否合理?

（2）如何进一步发挥招标人代表的作用?

6.32.3 法律分析

（1）招标人代表作为专家参与评标合法合理。

从合法性角度看，《评标委员会和评标方法暂行规定》第九条规定从法律层面并未禁止招标人代表作为专家参与评标，即"评标委员会由招标人或其委托的招标代理机构熟悉相关业务的代表，以及有关技术、经济等方面的专家组成，成员人数为五人以上单数，其中技术、经济等方面的专家不得少于成员总数的三分之二"。

从合理性角度看，招标人代表相较于其他评标人，对项目实际情况更为了解，其在评标期间向其他专家介绍项目具体实施情况及相关需求，对招标文件含义模糊之处作出释义，也有助于评标过程向满足项目利益最大化的方向进行，这也回归了招标人作为项目责任及权利方的本质。如实反映项目需求并在竞争环境下选择优质供应商，是招标投标活动的根本目标之一。因此，招标人参与评标具有合理性。

（2）建立招标人代表选取制度，从企业内部建立责任追究制度，有助于降低招标人代表谋取私利的风险，更好地发挥其应有作用。

实际招标投标活动中，因招标人代表人数少、范围小，易被锁定，时常出现被投标人行贿的情形，进而影响整个评标委员会评审的真实性，这也是招标人代表作为专家参与评标时所被诟病的理由。

从招标人回归招标活动权利与责任主体的角度来看，招标人代表作为招标项目的最终实施主体，有权参与项目的评标，从制度上从严设置关卡，能够降低其谋取私利的风险。例如，可以采取与专家随机抽取一致的选择方式，增加参与评标的招标人的随机性，扩大投标人的锁定范围，增加其"围猎"成本，有利于把控招标方的专家质量。

其次，应在企业内部建立严格的责任追究制度，对违法谋私的行为发挥威慑作用。招标人代表作为项目的长期、持续参与者，将在较大程度上考虑后续自身违法违规风险，以此建立良性的生态机制。

6.33　案例 54　关于第一中标候选人不具备中标条件的处理

6.33.1　案情描述

某依法必须进行招标的项目，招标人按照评标报告中推荐的中标候选人进行公示，公示期内有投标人提出异议，认为排名第一的中标候选人 A 公司不具备招标文件要求的某项资格，并以相应行政主管部门官网公示情况作为举证依据，认为 A 公司投标文件有弄虚作假嫌疑。

招标人就此提请原评标委员会重新对 A 公司进行审核，经进一步核实，确认 A 公司系有造假行为，原评标委员会出具了审核报告。

根据原评标委员会出具的审核报告，招标人内部产生了不同意见。一种观点认为，可直接选用排名第二的中标候选人作为中标人；另一种观点认为，鉴于第一名已不满足招标文件要求，原评标结果无效，建议重新招标。

6.33.2　焦点问题

第一中标候选人经异议审核确实不具备中标条件的情况应如何处理？

6.33.3　法律分析

中标无效不代表评标结果无效，招标人可以直接选用排名第二的中标候选人作为中标人，也可以重新招标。

本案中，经异议调查，第一中标候选人存在造假行为，其实际并不具备招标文件要求的资格条件，属于存在影响中标结果的违法行为，不符合中标条件的情形。根据《招标投标法实施条例》第五十五条规定，"国有资金占控股或者主导地位的依法必须进行招标的项目，招标人应当确定排名第一的中标候选人为中标人。排名第一的中标候选人放弃中标、因不可抗力不能履行合同、不按照招标文件要求提交履约保证金，或者被查实存在影响中标结果的违法行为等情形，不符合中标条件的，招标人可以按照评标委员会提出的中标候选人名单排序依次确定其他中标候选人为中标人，也可以重新招标"，本项目作为依法必须招标项目，招标人可以直接确定排名第二的中标候选人为中标人，根据《评标委员会和评标方法暂行规定》第四十八条规定，"……依次确定其他中标候选人与招标人预期差距较大，或者对招标人明显不利的，招标人可以重新招标……"，招标人也可以选择重新招标。

6.33.4　实务提示

实践中，如出现排名第一的中标候选人放弃中标、因不可抗力不能履行合同、不按照招标文件要求提交履约保证金，或者被查实存在影响中标结果的违法行为等情形以致不符合中标条件的，从招标投标活动效率原则出发，建议可先行排除该中标候选人以纠正中标结果，但不宜直接作出评标结果无效的判断。

此外，建议将中标无效与评标结果无效的概念区分开。所谓"评标结果无效"，可以参照《招标投标法实施条例》第七十二条中所列八项行为，即评标委员会存在有影响评标依法、公正的情况，如不存在上述情况，则不应盲目将评标结果归于无效。

6.34 案例 55 关于投标人资质过期是否需重新评标的认定

6.34.1 案情描述

在某设备招标项目（依法必须进行招标项目）中，评标委员会出具了评标报告和推荐的中标候选人名单及排序。公示期内，投标人 A 公司（通过初步评审且在综合得分排序上为第四名，故其未被列入中标候选人名单）来函提出质疑，认为本项目中第一中标候选人 B 公司的相关资质已过期、不应通过初步评审，A 公司要求重新进行评审并重新发布中标候选人公示。

经初步核实发现，B 公司的相关资质确实已经过期，现对于是否需要重新进行评审产生不同看法。第一种观点认为，评标委员会仅针对是否需要否决 B 公司的投标进行评议、不涉及其他事项的再次评审；另一观点认为，在否决 B 公司投标后还应对除 B 公司之外的其他已通过初步评审的投标人进行重新评审。

6.34.2 焦点问题

本项目是否需要重新评审或重新招标？

6.34.3 法律分析

（1）投标人资质过期，评标委员会应当否决其投标。

《招标投标法实施条例》第五十一条规定，"有下列情形之一的，评标委员会应当否决其投标：（一）投标文件未经投标单位盖章和单位负责人签字；（二）投标联合体没有提交共同投标协议；（三）投标人不符合国家或者招标文件规定的资格条件；（四）同一投标人提交两个以上不同的投标文件或者投标报价，但招标文件要求提交备选投标的除外；（五）投标报价低于成本或者高于招标文件设定的最高投标限价；（六）投标文件没有对招标文件的实质性要求和条件作出响应；（七）

投标人有串通投标、弄虚作假、行贿等违法行为"。本项目中第一中标候选人资质过期，属于前述规定第三项所列不符合招标文件规定资格条件的情形，评标委员会应当否决其投标。

（2）投标人资质过期已不符合中标条件，依法必须招标项目招标人可选择确定其他中标候选人或重新招标。

《招标投标法实施条例》第五十五条规定，"国有资金占控股或者主导地位的依法必须进行招标的项目，招标人应当确定排名第一的中标候选人为中标人。排名第一的中标候选人放弃中标、因不可抗力不能履行合同、不按照招标文件要求提交履约保证金，或者被查实存在影响中标结果的违法行为等情形，不符合中标条件的，招标人可以按照评标委员会提出的中标候选人名单排序依次确定其他中标候选人为中标人，也可以重新招标"，鉴于投标人资质通常为重要的中标条件，其资质过期属于前述规定所称不符合中标条件的情形，可以由招标人选择是否确定其他中标候选人或重新招标。

同时《招标投标法实施条例》第八十一条还规定，"依法必须进行招标的项目的招标投标活动违反招标投标法和本条例的规定，对中标结果造成实质性影响，且不能采取补救措施予以纠正的，招标、投标、中标无效，应当依法重新招标或者评标"，实践中对于投标人资质过期应适用哪一条款仍有争议，笔者认为，鉴于第八十一条及五十五条规定对招标程序处理的强制性程度有所不同，第八十一条规定明确为"应当依法重新招标或者评标"，故如前述情形严重程度达到实质性影响中标结果，且不能采取补救措施予以纠正的，招标人必须进行重新招标或评标。

6.34.4　实务提示

实践中，《招标投标法实施条例》第八十一条中规定的"实质性影响"通常是指由于该违法行为的发生，未能实现最优采购目的、相关影响已经造成或者必然造成。例如，应当参加投标竞争的人未能参加、最优投标人未能中标、评标委员会对投标人第一次资格评审与复议评审标准不一致、评标委员会评审及计算错误、招标代理机构未将投标人异议及招标文件相关部分内容等信息告知评标委员会等情形，通常可以被判断为对中标结果产生"实质性影响"。

另外，第八十一条规定中的"不能采取补救措施予以纠正"中的"补救措施"包括《招标投标法实施条例》第二十二条、五十四条、六十二条规定的暂停制度，第二十三条规定的资格预审文件和招标文件的修改制度，第三十八条规定的投标人的告知义务，第五十六条规定的履约能力审查制度等。若不能采取前述各项措施补正，通常意味着纠正条款丧失了适用的情形，既成事实已经发生。

6.35 案例 56 关于电子开标"当场"异议的处理

6.35.1 案情描述

某计算机软件招标项目以电子招标投标方式进行，本项目共有三家投标人递交电子投标文件。投标人 A 公司在开标过程中发来邮件"当场"提出异议，认为开标时其他两家投标人未按规定的投标截止时间进入开标大厅，故本项目不符合开标条件。

6.35.2 焦点问题

（1）电子招标投标活动中，投标人"当场"提出异议时应该如何处理？

（2）本项目应该如何答复？

6.35.3 法律分析

（1）招标人应当如实记录投标人的异议说明等情况并反馈给评标委员会裁量。

《招标投标法实施条例》第四十四条明确规定招标人负有答复义务，"投标人对开标有异议的，应当在开标现场提出，招标人应当当场作出答复，并制作记录"，因此，本案中招标人应当当场作出答复，并制作记录。

同时，《电子招标投标办法》第三十九条明确了投标人提出异议的法定方式，"投标人或者其他利害关系人依法对资格预审文件、招标文件、开标和评标结果提出异议，以及招标人答复，均应当通过电子招标投标交易平台进行"。实践中，招标人和投标人的答复和异议均应按照该条款的规定程序进行。

就本项目投标人的异议，结合前述规定，招标人可从两方面予以答复，妥善处理现场异议：第一，针对投标人的异议形式，如其不符合前述《电子招标投标办法》要求的通过电子招标投标交易平台进行的，可当场提示其按照合理形式提出异议；第二，针对其异议的实体内容，可予以回复，已将其异议内容记录下来，并将与开标期间其他相关记录一并提交评标委员会，由评标委员会进行评判。

（2）实务中还需注意，投标人名称、投标价格和招标文件规定的其他内容的公示时间应为解密全部完成后。

电子招标投标交易平台在开标阶段应保证在各投标人进入网上开标大厅后、全部投标人对投标文件进行解密并由项目经理下发开标记录前，只能看到本公司的等候状态，各投标人彼此之间均无法看到其他公司的状态。

前述做法的法律规定见于《电子招标投标办法》第二十一条，"在投标截止时间前，电子招标投标交易平台运营机构不得向招标人或者其委托的招标代理机构以外的任何单位和个人泄露下载资格预审文件、招标文件的潜在投标人名称、数量以及可能影响公平竞争的其他信息"；以及第三十条，"开标时，电子招标投标交易平台自动提取所有投标文件，提示招标人和投标人按招标文件规定方式按时在线解密。解密全部完成后，应当向所有投标人公布投标人名称、投标价格和招标文件规定的其他内容"。

6.36　案例 57　关于未递交保证金是否属于未参与开标的认定

6.36.1　案情描述

某招标项目采用电子招标方式进行，共有三家公司参与投标。在评标过程中，A 公司发来函件提出异议，认为根据开标一览表显示，本项目共有三家投标单位报价，其中一家投标人未递交保证金，故参与开标人数不足三家，本项目不应予以开标。

6.36.2　焦点问题

在其中一家投标人未递交保证金的情况下，本项目继续开标的做法是否适当？

6.36.3　法律分析

（1）若招标文件无特别规定，本项目继续开标的做法并无不当。

投标人是否满足招标文件要求属于评标委员会负责评审的事项，应当由评标委员会根据招标文件规定的评标标准和方法进行评审。该做法的法律依据见于《招标投标法实施条例》第四十九条第一款规定，"评标委员会成员应当依照招标投标法和本条例的规定，按照招标文件规定的评标标准和方法，客观、公正地对投标文件提出评审意见。招标文件没有规定的评标标准和方法不得作为评标的依据"。故如招标文件对此未作出特别规定，本项目继续开标并由评标委员会提出评审意见的做法并无不当。

（2）未递交保证金并不绝对等同于未按照要求参与开标。

根据常用的标准招标文件第二章投标人须知 3.4.2 的规定，"投标人不按本章第 3.4.1 项要求提交投标保证金的，评标委员会将否决其投标"，在本项目中即使投标人未按照要求提交保证金，乜应由评标委员会在评标阶段按照招标文件的规定进行评审，决定否决投标。故从本项目招标文件要求来看，未递交保证金并不等同于未按照要求参与开标。

本项目共有三家投标人参与开标并成功进行了解密，故继续开标、评标并无不当之处。